TOWARDS NEW WAYS OF NETFLOW

个人流量

开启后互联网时代流量变现新通路

MONETIZATION IN A POST-INTERNET ERA

王宇飞◎著

INDIVIDUAL NETFLOW

湖南师范大学出版社

图书在版编目（CIP）数据

个人流量 ： 开启后互联网时代流量变现新通路 / 王宇飞著 . — 长沙 ： 湖南师范大学出版社，2018. 3
ISBN 978-7-5648-3170-7

Ⅰ. ①个… Ⅱ. ①王… Ⅲ. ①网络营销－商业模式－研究Ⅳ. ① F713. 365. 2

中国版本图书馆 CIP 数据核字（2018）第 032790 号

个人流量——开启后互联网时代流量变现新通路

GEREN LIULIANG KAIQI HOU HULIANWANG SHIDAI LIULIANG BIANXIAN XIN TONGLU

王宇飞　著

责任编辑：汤文培　邓　杰

出版发行：湖南师范大学出版社

地址 / 长沙市岳麓山　　邮编 / 410081

电话 / 0731-88872751　传真 / 0731-88872636

网址 / https://press.hunnu.edu.cn

经　　销：湖南省新华书店

印　　刷：北京中科印刷有限公司

开　　本：170mm×240mm　1/16

印　　张：14.75

字　　数：150千字

版　　次：2018年3月第1版　2018年3月第1次印刷

书　　号：ISBN　978-7-5648-3170-7

定　　价：98.00元

自　序

王宇飞

总体来说，上世纪 80 年代出生的我们是幸运的。

我们见过后工业时代的经济技术变革，感受着现代化来临的蓬勃朝气，并正在伟大的现代化征程上奋力拼搏。在我们思想最活跃、精力最旺盛的青少年时代，更是恰逢其会碰上了互联网大浪潮，且得到互联网发展和市场经济高速增长的双重洗礼。

时光荏苒，在我们最年富力强的年岁，年少时种下的、冬藏已久的梦想种子，在每个人的心田里萌动。凡有志青年，无不想在这个平和又激越的年代有一番波澜壮阔的作为。

当我们将眼光投向市场的远方，找寻创业梦想的去路时，大道的感召力与人潮的拥塞感是并存的。

上世纪 90 年代中前期，市场经济的飓风掀起第一次创业大潮，实体经济的各行各业在并不太长的时间里就完成了诸侯割据。千禧之年前后，互联网的涌入再一次给了拥有先见之明的人们建功立业的机会。

而今，当人们提及创业时，无论是选择从线下硬生生闯出一片天，还是在线上推陈出新、以智取胜，都绕不开互联网这个创业之路上的路标。然而，无论线上还是线下，那些过来人的循循善诱似乎都很难跟随。

个人流量

——开启后互联网时代流量变现新通路

20 年前，中国最大的互联网零售帝国阿里巴巴的缔造者马云先生，曾豪情万丈地给所有怀揣创业梦想的人以希望——“让天下没有难做的生意”。

然而，放眼望去，线下经济已然人满为患，且时刻在忙于防备和应对来自电商的冲击；线上经济则在一日高似一日的流量获取成本的迷局里，露出疲软的端倪。而且，似乎正是两者之间的激烈博弈，造成了如今难以破局的怪圈。

作为互联网在商务领域应用的先驱，马云给出了“新零售”的解决方案，企图让线上线下的千万商家重拾信心，并握手言和，重新站在一起，成为阿里新时期融合发展战略的追随者。

无论“新零售”的具体路径和时间表如何，我们却似乎越来越能肯定一点：传统的流量思维已经沿着其自身的逻辑，在经历了往日风光之后逐渐走向了它的对立面——高企不下的流量成本成为了线上经济的沉重负担。

而与此同时，电商行业异军突起，微商逐渐让所有曾经抱有偏见的人也不得不刮目相看。微商带来的启示是什么？与其说微商是一个行业，不如说它是一种理念，一种借势于互联网电商东风的微个体商业理念。如此而言，我们何不更具想象力地将其归结为“个人流量”的爆发呢？

当传统的互联网平台沿用大众传媒通过媒体发布来进行商品传播时，我们不得不致力于成为自己的传声筒；当传统的互联网平台通过引流来完成平台流量的积累时，我们不得不铭记我们自己就是流量的源头。在一个去中心化的互联网时代，每一个个体都扮演着中心的角色；微个体的舞蹈是孤独的，但无数微个体的聚合或许能像蜂群效应般带领我们找到新的蜜源。

个人流量，让我们看到每个人的个人人脉原来可以成为创业致富的根本来源。通过高效打通人际传播的节点也完成商品的规模化传播，这背后不只是新型电商平台的传播机制复刻，也不只是以社区为传播单元的场景再现，而是以人与人之间的本原连接为基本结构，充分打破社区商圈内商品供需信息的不对称，并使得每个人的个人流量作为市场要素而获得交易价值，从而构建更加富有效率、人人获益的新型商圈体系——它不止关乎利益，更关乎尊严；它不止关乎大众，更关乎每一个微个体。

“微”可谓是后互联网时代最鲜明的形象标识。从微博到微信，我们看到个人意识的觉醒和个人话语权的崛起。而微商，终于以商业为切入口，让个人的力量在与事关每个人商业利益的层面得以显像爆发。而微领地网络科技正是在这样的风口浪尖上崛起的，正所谓“道路阻且长”，我们希望我们在人迹罕至的地方踩出新的路径，我们也希望我们能在新的道路上相逢。

目录
Contents

第三章

流量导演的资本游戏 /040

互联网的出现不仅让人的自我功能得到延伸，也让社会原有的功能得到了开拓。当资本取代一个行业的本质要素居于主导作用，也就意味着行业已经迎来它阶段性的发展巅峰，接下来是衰退期还是新景象，则完全取决于技术的突破和理念的创新。

第四章

互联网主导的产业变局 /062

伴随着社群资源的不断丰富和互联网思维的大行其道，对经典元素的解构和戏仿本身已经具备了颠覆的能量，因此，对于传统业态而言，最致命的不是产品的落伍，也不是来自激烈的竞争，而是来自思维的固化和自大。

目录
Contents

群体自由的结果，却往往有着不可预知性，这早已为互联网到来之前的历史所证明。因为对于自由的追逐，文艺复兴奠定了欧洲近现代的文明基石；而同样是自由的人们，举起表决的手，将伟大的哲学家苏格拉底送上断头台。

流量之于互联网，就好比个人之于社会，它是对一个抽象对象的基本构成单元的基本描述。二者之间在内涵层面和形象隐喻层面都相互呼应，互联网的本质就是信息的储存和传播，而流量恰好形象地描述了这种量化、规模化和流动性，从而让我们得以形象地从思维和操作层面进入互联网的世界。

第七章 旧时代的背影

人类社会从原始进入文明以来的基本社会场景从未改变，一旦多余的存在被创造，谬误的规则和非良性的存在将会更多。互联网与现实社会之间相互影响和塑造的边界究竟在哪里？传统互联网思维的实践，或许已经证明其不足以回答这个问题，除非它自身来一场深刻的自我革命。

第八章 个人觉醒与中产社会的曙光

当我们回到世俗商业的微观场景重新建构对人与社会、人与互联网、互联网与社会的认知时，当我们摒弃冰冷的工具理性、放弃对互联网误入歧途的迷信和膜拜、重拾本真人际关系的力量时，一个崭新的世界将同时存在于浩瀚世界与个体星空。

目录

Contents

人人都对这个新世界抱有无比的兴趣，纷纷踮起脚尖伸长脖颈想要一窥新世界真容，为了一场想象中的颠覆，他们纷纷审视起了自己已经拥有的一切和想要拥有的一切，按照各自的想法开始跑马圈地、合纵连横。但是万变不离其宗，当你开始关注变化的本质，而不是变换的结果。你就会越来越深刻的体会到其中的那股规律波。

在信息对称、话语权对等、规则公平、资源平等的合力作用下，专注、专业的“匠人精神”将成为主流价值观；每个人都具有无差别实现充分经济自由的可能，从而在自我精神层面、社会关系和公共生活里，拥有无差别的影响力。这就是我们对网络民主最具体和美好的愿景。

引 言

流量是互联网世界里的一个基本元素，在互联网语境中的商业竞争模式中，流量更是不可或缺的要素。流量并非是一个互联网创始时段就出现的概念，而是互联网发展到一定阶段的必然产物。如今，“流量”甚至已经成为互联网文化的元隐喻，由它出发，互联网从内涵到外延都被赋予了新的可能性。

想象一下，在阿帕网刚建立时，只有几百台特定机构的电脑接入网络，这些机构局限在军方、政府和科研机构；作为一个知识性和保密性程度都非常高的数据库，只有少数特殊身份的人才有权限访问网络。所以在早期的互联网世界，虽然那些访问互联网的人员和行为已经具有了流量的内涵，但人们还没有意识到这种内涵的复杂意义。

这就好像一位政府要员的办公室，虽然进进出出的人不少，但都局限于特定的少数人。此时，统计“流量”并没有实质性的意义。

甚至，当互联网的触角开始在社会的各个领域内延伸，并逐步开放使用权限的时段，虽然网站的访问者数量显著增加，但“流量”统计仍然无法形成建设性的意义。

20 世纪 90 年代末，论坛开始在中国出现。作为一种新奇的事物，论坛为中国知识分子通过网络参与公共事件讨论提供了最初的虚拟平台。相比 70 年代，这时候的互联网已经变得亲切，尽管它依然显得笨重——访问者需要购买特定的硬件装置来获取连接互联网的固定通路。在当时，论坛可以说是一种稀缺资源。因为它不能满足多人同时独立访问，每个用户所能占用的访问时间也被严格限制；而用户与论坛之间的交互，也必须依靠站长的管理和衔接才能完成。

随着技术的迅猛进步，互联网的容量开始扩大，这主要体现在其访问承载能力的显著提高上——互联网的访问者数量开始呈现指数级增长，网吧亦开始出现并迅速滥觞于大街小巷。

技术的突破性进步和人们的认知普及，促成了互联网在商业领域的发展，第一波互联网创业大潮开始席卷中国。早期论坛的站长们，成为第一批吃螃蟹的人，他们纷纷开始在互联网商业应用的各个领域大展拳脚，我们今天最耳熟能详的四大门户以及阿里、百度等，无一例外从彼时开始起步。

可以说，人气是商业最重要的指标；当以商业利益为主导诉求的互联网平台开始出现时，网站的推广成为比平台建设本身更为重要的大事。也正是在这个时期，“流量”开始从创业者和技术人员的印象中凸显，并作为一个重要概念，被纳入互联网知识系统。

围绕这一概念，网站的推广策略被独立描述为“流量推广”；作为互联网运营的一个专业方向，“流量推广”已经被基础化和职业化。今天，稍具行业常识的人都知晓，互联网创业是一件异常烧钱的事；实际上，在互联网创业的早期，网站推广的烧钱程度相比于今天而言只高不低。马云在创办阿里时，曾不远万里至美国，凭三寸不烂之舌企图说服数十家美国投资机构投资阿里巴巴。

可以想象，虽然当时的网民数量已经呈现出井喷的态势，但对于刚刚创立的互联网平台来说，来自于社会的整体认知度仍然处于一个信息高度不对称的状态。

流量的迁移，是互联网大佬们面临的一个历史性任务。本质上，流量的迁移是将人们日常所进行的获取信息、社交通信和获取商品的行为引导至互联网平台上发生。虽然如今互联网对每一种形态的传统媒体都造成了颠覆性的冲击，但在其早期发展阶段，通过传统媒体投放广告仍然是流量推广最主要的途径。

直到今天，虽然互联网早已度过竞争的白热化阶段，进入到了一个相对稳定的垄断格局，但流量运营仍然是各大互联网巨舰最为关切的运营内容之一。尽管电商平台的稳定访问者数量已经到了以千万计的程度，但借助传统媒体推广依然是其重要的引流手段。每逢节庆日的电商大战，我们依然可以在社区、写字楼等实体场景中看到电商的活动主题海报。

随着互联网平台创业的持续深入，互联网已成为中国投资领域最炙手可热的香饽饽。如今，任何行业和领域都可以被互联网整合，“互联网 +”已然成为大多数人印象中的时代隐喻。大众消费品的每一个垂直领域，都不乏“一将功成万骨枯”的逐鹿平台，在某些细分领域，甚至呈现出一家独大的垄断格局。

“互联网思维”俨然已成为一个至关重要的通识词汇，充斥在大多数商业运营的语境里。似乎，雄心壮志的创业青年们一旦提及创业，互联网一定是绕不过去的思维环节。在很多情况下，当人们手头有一款非常好的产品时，他们首先所想到的就是如何通过互联网将产品卖出去，甚至在如何建立一种基于互联网的商业模式上大做功课。

实际上，所谓的“互联网思维”并没有持论者所渲染的那样高深莫测。它的核心支撑从始至终都是传统的流量思维，主体上可以分为引流和变现两个环节。

无论互联网创业平台有着怎样的商业模式，获取平台流量都是一项基础工作；而变现则体现出商业模式的不同。百度以其流量价值成为了中国互联网界最大的广告主；四大门户作为传统大众媒体的互联网转型，依然以广告作为主要的盈利收入；电商平台将平台流量作为商品卖给入驻商家；360 则是以免费模式在充满竞争的杀毒软件领域异军突起。

实际上，免费思维不但缔造了 360 的成功，也作为一种基本的方法论成为互联网思维的重要内容：作为产品的互联网应用，免费提供用户所需的服务，以此在短时间内积累平台流量。

小米的成功可谓是互联网思维最前沿理念的成功典范。小米七字诀（小米创始人雷军将其总结为：专注、极致、口碑、快）一时被奉为互联网思维的圭臬。在抽象而难以复制的兵法背后，人们将小米现象总结为可实践的商业套路——粉丝经济。

总之，互联网思维的内涵和外延一直循着互联网创业商业模式的迭代和创新而不断被丰富。人们之所以对其如此热衷，是因为相信遵照执行即可获得商业上的成功。然而事实上，当这些新的内容被当作成功经验的总结、并作为一个巨大的馅饼抛给人们时，其所代表的互联网创业风口已经只留下一个华丽的背影。

更甚的是，伴随着人们对互联网思维美好幻想，互联网本身发展过程中不断冒出了新的问题。甚至可以说，每一种互联网思维的出现，一方面标志着既往互联网商业模式瓶颈的出现，另一方面也标志着新商业模式的构建。

在互联网商业不断出现危机，又有惊无险地继续前行的过程中，很少有人思考传统互联网思维是否有着根本上的问题。看起来，一次次瓶颈的突破似乎只是局部手术。甚至，当我们从“流量思维”的角度去看问题时，也许会发现，根本性的危机就摆在那里，而所谓的“互联网思维”更像是欲盖弥彰的续命策略。

从本质上来说，无论是哪个行业和垂直领域的互联网平台，只要是基于平台流量的互联网平台创业，在内核上仍然是传统媒体业和广告业的延伸。

早在世界上第一份出版意义上的报纸发行时，就出现了第一条纸媒广告，这一行业情景就像一个预言般见证着媒体业和广告业的同步成长。在成熟的传媒行业，按照媒体产品的发行价格，显然不足以维持其持续经营，于是，广告收入作为大众媒体的基本商业模式要素，成为其盈利的主要来源。

正如大众媒体凭借发行受众群成功让广告客户心甘情愿地自掏腰包一样，互联网平台以贩卖平台流量从购买者那里获得收益。

其所不同的是：部分大众媒体从始至终都是有偿发行，而互联网则完全免费；互联网平台的流量规模，即使是既往最畅销的媒体刊物也很难比拟；更重要的是，由于电子商务解决了交易场景的线上化，互联网的流量广告效应可以即时转化为销售收益。

在当下的时代图景中，我们的一边是遍布媒体行业和零售业的哀鸿遍野，另一边是互联网庞大的现金流。这赋予了互联网创业主体们颠覆传统的高扬理念。然而，随着移动互联网的出现，全民流量迁移的历史任务已经出现，漫长的流量红利期已经濒临终场。

这意味着，传统互联网思维的固有病症已经过了潜伏期。

电商巨头之间围绕流量竞争的价格大战最终谁也没有征服谁，反之落得两败俱伤。传统平台电商曾经引以为傲的价格优势，确然造成了传统实体店的大面积死亡，然而随着流量红利期的过去，流量经营的成本越来越高企，这使得平台自身越来越不堪重负，进而波及线上商家的收益。

稍作回顾便能发现，随着平台之间竞争的加剧，节庆狂欢式的营销策略和动作越来越令消费者眼花缭乱，被吊足胃口的消费者对惹人迷醉的优惠政策的热情，也

呈现出逐月逐年增加的势头。一直以来，每到这样的时刻，人们总会对平台巨头生出财大气粗的艳羡之感。

然而，在 2017 年的双十一前夕，局势已然开始出现微妙的反转。人们发现，各大电商优惠政策越来越复杂的原因，并非全然出于互动性、娱乐性的参与体验需要，而更像是对电商套路的遮遮掩掩。一时间，电商潜规则被一反常态地纳入全民讨论。在以往，人们对电商潜规则并不陌生，但负面情绪很快被功大于过、得大于失的经济人心态自我安抚。而今年，在人们的讨论中，诸如不退不换、优惠产品不能打包等明面上的套路，被视为公然愚弄，先提价再降价、货不符实等暗箱操作手法也被从隐蔽处拎到公众雪亮的眼光下。

按照以往的经验，这种怨声载道很容易被视为非常态的偶然，但从其留下的蛛丝马迹来看，真相可能就掩藏在薄如蝉翼的包火纸后面。

去年以来，中国最大电商巨头阿里的掌门人马云，曾在多方场合借助媒体的力量，为其“新零售”的最新主张和阿里的前沿理念公开布道。他坦然承认，电商的红利期已经过去，也对线上线下双双陷入僵局的现实毫不讳言，并给出美好前景的阿里方案——新零售。在他看来，经过这么多年的发展，线上线下一直分别在向着双相融合的方向发展，这是未来的趋势，也是破局的出路。

然而，人们不会忘记在近 20 年前，当马云刚创办阿里时，阿里的口号更加雄壮而美好——“让天下没有难做的生意”。在 20 年后的今天，连马云自己也不得不承认，线上线下的生意都不好做。从“新零售”理论的角度来说，这一新提法似乎是既定使命的新延伸；但从另外的角度，这也可以被视为野心失败的主动求和。

在种种电商并不乐观的异象发生的同时，线下的生意却似乎已经开始变得并没有那么难做。在电商大肆挤兑线下生意的同时，线下在被动的免疫反应和主动的理念调整中开始恢复元气。

在电商强调线上的便捷性时，线下业态的体验经济理念经由品牌店的大力宣导和消费习惯引导，而变成全民共识。在今天的任何一家大型购物中心、影院、儿童业态、餐饮店等，都打出了体验经济和互联网思维的口号，这种自我标签式和他山

新零售的三大特征

1、以人为本

- 数字技术创造力千变万化，无限逼近消费者内心需求，最终实现“以消费者体验为中心”
- 围绕消费者需求，重构人货场

2、零售二重性

- 任何零售主体、任何消费者、任何商品既是物理的，也是数字化的，开启二维思考下的零售新时代
- 基于数理逻辑，企业内部与企业间流通损耗最终可达到无限逼近于”零“的理想状态，最终实现价值链重塑

3、零售物种大爆发

- 借助数字技术，物流业、大文化娱乐业、餐饮业等多元业态均延伸出零售形态，更多零售物种即将孵化产生
- 自然人零售，“人人”零售

之石式的双重标签正引导着消费者们开启了新一轮的前赴后继。

在电商持续迎合物美价廉的消费价值观的同时，中国的大众消费领域正经历着一场品牌理念洗礼的革命。充分的竞争使得供给端不得不借力于品牌效应，建立其与受众之间唯一性认同的人文关系，并以此获得议价主动权，最终以品牌附加值成功构筑对价格冲击的防御。

可以看出，在线上与线下的张弛之间，划江而治的平衡局面已然形成。

那么，在线上线下的纷争呈现出一片江湖再无风波的时候，新的动力在哪里？

当我们将镜头从对线上线下的特写，拉伸到目前商业形态的全景时，不难发现互联网经济的出现和发展，始终伴随着中国市场经济的黄金时期。第一次互联网创业大潮刚好与国民经济高速增长的时间起点高度耦合，而“新零售”的提出也正好呼应国民经济的“新常态”。

按照一般性经验，这是宏观经济体征向行业发展的必然传导，但正如宏观经济也强调经济发展的新动力一样，无论是线上经济还是线下经济，同样面临着寻找新

动力的问题。

个人流量正是带着这样的思考，有针对性地提出了别开生面的互联网思维和流量观点，并以此作为出发点，寻找问题的答案。

个人流量理论认为，在此前的互联网商业应用的历程中，互联网主要以其信息技术的属性，对商业场景进行信息化线上模拟，从而改变了商品流通环节的具体场景；同时，以其传媒功能，加速品牌和产品的传播。

事实上，互联网对商业场景的改变并没有缩短商品流通的环节。例如淘宝店只是将实体店搬到了线上，虽然场景不同，但两者作为商品流通的零售环节在性质上并无不同。因为二者都是作为零售环节而存在，成本的必然性并没有改观：实体店存在房租水电等成本，淘宝店同样在店面装修和物流成本上存在不小的支出，很难说二者之间的成本存在绝对的高低之分。

伴随着平台流量维护成本的增高，线上商家的经营成本也是水涨船高；而线下实体店则依靠地缘和口碑，有效避免了传播上的不确定成本因素。

鉴于人们在商业购买中对社交、情感、体验都渴望得到满足的需求，线下实体店不可也不会被完全替代，这是已经被线上经济和线下经济博弈实践所证明了的既成事实。

线上经济与线下经济不存在绝对的对立关系，而是以各自的优势在满足人们社会需求和体验上形成了互补。比如在手机等电子产品的交易中，消费者对目标商品的锁定程度较高，购买过程中的体验需求并不明显，网购显得更为便捷；而在服装等类型商品上，消费者越来越重视购物体验，使得线下实体店焕发出新的活力。

最重要的是，在互联网的商品传播功能上，个人流量思维提出了与传统流量思维有着根本不同的观点和实践方法。

平台流量本质上仍旧是扮演传统大众媒体的角色，以媒体发布、广而告之的方式实现品牌和产品的规模化传播，其作为广告业所产生的成本是不确定的。实践证明，当线下行业和市场主体的线上规模越高时，这种流量广告的成本也会更高，这颠覆了人们关于线上店面比线下店面经营成本显著降低的认知错觉。

从某种程度上来说，这是广告业本身存在的悖论。一方面，广告的目的是通过帮助品牌和产品提高商品传播的效率从而增加收益；但另一方面，广告主为此付出的成本却未见其少。而且，市场主体越多，广告资源就越稀缺；社会信息的规模越大，人们的注意力就越分散，从而使得传播的成本也越高。

从商品传播的角度来说，个人流量理论认为，通过人与人之间的充分传播连接，同样可以实现规模化；并且，这在传播和成交上存在较高的场景统一的可能性。比如传统的直销，就是依靠人与人之间的推介来完成品牌的传播和交易，进而避开了对大众媒体和中间商的依赖。

“命运赠送的所有礼物，早已在暗中标好了筹码。”大众媒体和平台电商贩卖流量的交易结构让我们看到，作为传播受众的每个媒体所属受众和每个平台所属流量都有其单价。这也意味着，在上述人与人连接传播的结构中，每个人都因其传播效应而可以有价。

从商品流通的角度来说，个人流量理论认为社区商圈作为人们日常生活和购买最频繁的发生地，随着城镇化的推进和人们消费体验习惯的演进，有着越来越广阔的前景。尤其是，从流通成本来看，社区商圈内的协同仓储和物流管理，较之社会大物流而言，可以对“最后一公里”实现无缝接驳，并显著降低社会成本。

基于此，遵循个人流量理论搭建的互联网商业平台须打破线上与线下的笼统区隔，回归互联网的本质属性，进而借助对商业流通环节的改进和对市场主体和消费者需求的满足，构建新型互联网商业模式；而以社区商圈为基本实践论证单位，也为打造智能化的新型社区商圈大系统提供了可能。

在这个过程中，平台的话语权和重要性将被弱化，更多的机会和收益将被让渡给商家和个人，让每个人的个人流量都可以在平台上参与交易，包括那些因为年龄和文化程度而不具备触网能力的个人。

第一章

互联网史话

人们在一堆高度抽象化的互联网行业术语构成的话语体系里高谈阔论，却似乎很少有人去关心最朴素的细节。而当我们舍弃这种追逐流行的取向，从问题和故事的起点开始认真观看时，或许会发现，互联网比我们通常所乐道的，更加有趣和迷人。静水流深之上，浩浩荡荡的流量，浮着伟大的互联网时代，驶向现代中国。

第一节　会说话的机器

在今天，互联网已像柴米油盐一样，进入了所有人的生活。它如此平常，平常到让人忽略了一个基本问题的答案——互联网到底是什么？

当我们思索这个问题时，会发现一些既定的概念不假思索地就从我们的脑袋里冒出来，比如说互联网 +、互联网思维、分享经济、虚拟世界等等。显然，所有人都熟悉甚至迷恋这些华丽的概念，并非因为这些概念就代表了真理，而是因为其提出者通常扮演着成功者乃至偶像的角色。

人们在一堆高度抽象化的互联网行业术语构成的话语体系里高谈阔论，却似乎很少有人去关心最朴素的细节。而当我们舍弃这种追逐流行的取向，从问题和故事的起点开始认真观看时，或许会发现，互联网比我们通常所乐道的，更加有趣和迷人。

是的，我说的是“观看”，就如观看一部故事片一样，观看互联网简短的发展历史。

二十世纪四十年代，第一代计算机刚问世，一个伟大的时代就此开启。但以今天的眼光来看，这个躺在美国宾夕法尼亚大学、占地 170 平方米的大家伙，虽然牛逼哄哄，但明显十分笨拙。况且，作为技术外行的我们无法像个电器专业的工科生一样，理解那 18000 个电子管的运作原理。

但当我们像个语言学家，好奇一个部落的语言进化一样，去理解计算机的发展和互联网的起源时，一切就变得十分有趣。

计算机最初的功能是储存计算资料。实际上，计算机的起源还可以追溯到更早的 1889 年，当时，美国科学家赫尔曼·何乐礼研制出以电力为基础的电动制表机，用以储存计算资料。

随着第一代计算机的问世，以及计算机技术发展进程的加快，人们对计算机储存和计算的期许变得越来越复杂，这直接引发了硬件和软件的进步。在软件方面，

更具体地说，是计算机语言的进步。

计算机作为一种机器，较之工业时代的任何一种机器而言，最显著地特征就是，它拥有属于自己的语言——计算机语言，以用于其自身的逻辑组织，以便实现计算机与人的沟通。

如果我们从语言起源的角度来看待这个事件，就会发现计算机语言的诞生有多么不可思议。就像，人类之所以能够从物竞天择的残酷丛林中脱颖而出，成为有灵之长，正是因为语言的发生。

设想一下，在远古的丛林里，我们的某个不明真相的祖先，被一种不怀好意的黑熊尾随。所幸，这时候，同一部落的某个哥们儿正迎面向他走来。如果这时候，人类还没有发明语言，那么部落兄弟只能上蹿下跳着，用惊恐的咿咿呀呀声，提醒身处险境的这位祖先。

而如果这时候语言已经被使用，那么他就可以给出确切的警示：“黑熊，在你的后面。”如果手脚麻利的话，这位祖先或许还来得及以最快的速度爬上身旁的大树，躲过致命的一劫。

当然，这只能说明语言的产生对于沟通的重要性，但语言的产生显然有着更加深远的意义。

比如，从社会的角度来看，语言使得人类得以更大规模地集结、组织和行动。在没有语言之前，因为沟通的限制，人类的社会组织或许与猴群无异；一旦超过几十个人，就无法协调行动，而有了语言，这个数字便得以呈几何级数的增长，使得人类社会的进化成为可能。

再比如，语言使得人类越来越聪明，这不但体现在生产生活的经验可以更加有效地在口耳相传中积累，更体现在人类大脑思考能力的提升上。在思考这件事上，现代人的思考能力未必比原始人高明许多。不信，请你闭上眼睛，观察你大脑里的活动，你会发现，图像和语言构成你思考的本质——显然，我们的远古祖先也是这么干的。而一旦将语言抽离，你又退化为那只“无忧无虑”、“天真可爱”的猿猴。

同样，计算机语言的产生具有非凡的革命性。正如人类语言之于人类社会发展的重大贡献，计算机语言的出现同样使得人类物质文明的增长呈现几何级数增长。

当计算机刚刚问世时，程序员必须面对一堆复杂的逻辑控件，进行繁琐的手动控制。毕竟，这台最原始的机器只会进行是与非的逻辑判断，这无疑增加了计算机的制造成本和运维成本。德国工程师楚泽 (Konradzuse) 最先想到用程序设计语言来解决问题，这一创造性的理念和实践使得计算机的自动化程度越来越高。在随后的几十年里，更高级的计算机语言陆续出现，计算机所能表达的人类所需要的信息越来越系统和直观。

最原始的计算机只能读解和存储数字，但计算机语言的出现和进步，使得一切人类用以表达和沟通的信息符号都能通过计算机翻译实现——文字、图像、声音等。

想象一下，从你打开浏览器，轻敲键盘的那一刻起，计算机内部发生了什么？作为硬件的录入设备键盘通过机器语言将你敲击的信息进行编码，再通过软件部分更高级的语言进行翻译呈现，最终变成你所能看懂的文字。在搜索引擎的程序底层，更复杂的语言运行机制在瞬间发生，最终在前端呈现出你所期待的信息。

所以，在互联网思维大行其道的今天，人们以各种各样的观点来表达自己对于互联网的理解。而实际上，一切的观点的逻辑起点就在于——互联网或者说计算机，本质上是一个语言的世界，计算机语言使得机器能够在一定程度上进行思考，使得机器和人之间可以进行对话。

计算机作为传播媒介，以及计算机语言的翻译功能，开创了前所未有的人与人之间的沟通方式。你可以认为，这跟原始社会人类语言的产生并无二致。结绳记事就好比 0 和 1 这样简单的机器语言，二者都堪称是传播学意义上的奇迹，而更复杂的通过口耳输入、录入，通过大脑解码的语言系统，就好比是汇编语言、高级计算机语言。

早在 ARPANET 为互联网奠基之时，美国国防高级研究计划署指令与控制研究办公室（CCR）主任利克里德尔就已经强调电脑和电脑网络的根本作用是为人们的交流服务，而不单纯是用来计算。

后来，麻省理工学院电脑科学实验室的高级研究员 David Clark 也曾经写道：“把网络看成是电脑之间的连接是不对的。相反，网络把使用电脑的人连接起来了。

很明显，网络的本质就是传媒。“电脑”（Computer）和“交流”（Communication），都有一个共同的词根：“com”（共、全、合、与等等）。

第二节　从用户到流量

在今天，即便是一个目不识丁的文盲，也可以通过简单的培训就能利用即时通信工具的语音功能，通过移动互联网与远方的子女进行联系。在互联网刚刚诞生的那一刻，这对于绝大多数人而言是无法想象的。

实际上，无独有偶，互联网在世界上的第一次应用，跟我们今天两个人之间用微信相互联络有着相似的场景和本质。

从 1889 年电动制表机的发明，到 1946 年第一台电子计算机的成功制造，在这段计算机被发明出来的时期，计算机只是被寄希望于以更小的成本和空间储存数据。而到了 1969 年，终于有人考虑两台计算机之间相互联络的问题。

当时，计算机科学家 Leonard K. 教授试图通过一台位于加利福尼亚大学的计算机，与另一台位于旧金山附近斯坦福研究中心的计算机取得联系。他所做的，就是尝试从一台计算机登录到另一台，于是他发出了世界上第一封电子邮件。发送方输入 L，然后问对方："收到 L 了吗？"对方回答："收到了。"然后依次键入 O 和 G。由于技术的不成熟，还未收到对方收到 G 的确认回答，系统就瘫痪了。所以第一条通过互联网发出的信件内容就是"LO"，意思是"您好！"

因为这一创举，Leonard K. 教授被称为电子邮件之父。

从计算机的储存功能到通信功能，这一理念的飞跃似乎是顺理成章的。1971 年，美国国防部资助的阿帕网正在酝酿计算机技术的变革。此时所有工作人员使用的是不同的计算机，无法彼此分享各自的研究成果。在这种情形下，在计算机之间传输数据的想法，被很自然地纳入了现实考虑。

就像人与人之前必须借助语言和文字来沟通，计算机通信的进步也有赖于计算机语言的进步。而在此时，计算机语言支撑起来的程序发展，已经到了允许阿帕网的技术天才们将两台计算机进行通信的想法付诸实践的阶段。

为阿帕网工作的麻省理工学院博士 Ray Tomlinson 把一个可以在不同的电脑网络之间进行拷贝的软件和一个仅用于单机的通信软件进行了功能合并，命名为 SNDMSG（即 Send Message）。

这种整合创新的思维方式，就好比把一种水果枝条嫁接到另一种水果的树干上，从而使得新品种的口味有了质的变化。

Tomlinson 希望这种结合，可以促成两台计算机之间的通信。为了测试，他使用这个软件在阿帕网上发送了第一封电子邮件，收件人是另外一台电脑上的自己。

Tomlinson 选择"@"符号作为用户名与地址的间隔，因为这个符号比较生僻，不会出现在任何一个人的名字当中，而且这个符号的读音也有着"在"的含义。这就是“@”作为电子邮箱主要标志符号的由来。

电子邮件的发明，无疑意味着人类通信历史的巨大变迁。人类从未停止过对交流方式的探索，在此前的一个多世纪里，电报和电话被视为革命性的通信技术而被发明。电子邮件别开生面的地方在于，接收者所接收到的信息直接是普通人所能理解的可视化文字信息。而同样作为平面通信技术的电报在信息传输原理上却必须借助专业的人工编码和解码。

当然，这背后的逻辑是一致的，虽然计算机看起来更加直接和便利，但编码和解码的过程其实并未就此省略，相反，它在运作机制层面更加复杂。从输入者键入信息的那一刻起，计算机内部就在进行着几种计算机语言的编码和翻译过程。

当然，电子邮件发明的目的和意义显然并非人与人之间的通信场景所能完全概括的。实际上，在当时，鉴于计算机最原始的信息储存功能，电子邮件被创造的首要意图在于让计算机之间的信息传输和分享成为可能。

随着成本的降低，越来越多的计算机首先被军方和科研院所制造和使用，而电子邮件背后的技术创新又使得相互独立的计算机得以连接在了一起。这绝对是一个划时代的事件，我们现在所习以为常的因特网正肇始于此，它直接促成 ARPA（阿帕网，美国国防部研究计划署）的诞生。在 ARPA 制定的协定下，因特网首先用于军事连接。

因为同样的计算机数据传输和共享需求，美国西南部的加利福尼亚大学洛杉矶分校、斯坦福大学研究学院、UCSB（加利福尼亚大学）和犹他州大学的四台主要的计算机，也随之加入这个连接。

看起来无所不在的互联网，就是这样在两台计算机之间连接的基础上，随着接入计算机数量的增多而逐渐发展起来的。在这个系统里，只要遵从 TCP/IP 协议，在站点许可下，接入网络的计算机便可以访问并获取站点中的数据资源。

在原始的互联网系统里，登录远程站点，必须经过专门的客户端程序，操作上也必须拥有一定的程序基础。而且，早期的互联网只能通过文本承载信息，图片、音频、视频等则属于晚近的事情。不过这样的情况并没有持续太久，随着计算机语言和程序设计的进步，所有问题逐渐迎刃而解。

1989 年，类似于电话簿的信息检索系统 Archie 被发明出来。这使得人们可以更快捷地查询到想要访问的站点，并通过超文本链接就可以即时进入。在这个系统被投诸使用后期，拥有者 McFill 大学发现，每天从美国到加拿大的通信中，有一半的通信量访问过 Archie。

从信息检索系统的出现，到 web 浏览器和搜索引擎的发明和进步，互联网的使用者从最初的技术、科研人员，逐渐走向平民。从通常理解来说，一个近乎并行于现实社会的虚拟世界正在形成。越来越先进的客户端程序开始被发明并投诸使用，这种技术创新带来的便捷赚取了大量的访问用户。随着互联网用户的增长，“流量”逐渐被用来作为对网络用户的规模化描述。

第三节　中国互联网上古史漫谈

从上世纪 70 年代初到 90 年代中期，互联网经历了从雏形出现到规模化盛行的阶段。一开始，用户局限在特定的技术群体和知识精英阶段，即便随着互联网的流行，使用的人越来越多，这个时期内互联网的社会功能仍然显得十分单一，具体来说，主要是知识获取和通信。

在这二十多年的时间里，互联网在欧美国家的发展可谓是日新月异。当这些国家已经吃了很多年的螃蟹，互联网应用已经越来越多地从科研工作者向普通知识分子蔓延的时候，中国国内知识界对互联网的了解、研究和应用，依然处于启蒙阶段。

对于 80 年代中期以后出生的中国年轻一代人来说，他们的青少年时代很少能感受这种国际互联网发展之间的巨大差异，当然也根本无从得知互联网进入中国的艰难历程。尤其是，当后来中国在短短时间内学习甚至赶超欧美的时候，年轻一代已经无从亦无需关注这些真相。但如果你恰好对这个历史时期这个领域的发展有一

种猎奇心甚至考据癖，也许能从中觅到一种充满趣味的满足感。

互联网最早在中国揭开序幕的场景，跟互联网在美国诞生时的场景颇为相似。然而这两个时刻之间的时间跨度却长达 18 年之久。1987 年 9 月 20 日，第一封电子邮件从中国越过长城通向世界。两个时刻的主角虽然都是电子邮件，但由于技术上的后发优势，此时这封邮件已经正式实现了电子邮件的存储转发功能。

随着各个小型网络与国际互联网的连接，中国开始与 Internet 全面亲密接触。

1988 年，中国科学院高能物理研究所的 DECnet 成为西欧中心 DECnet 的延伸，实现了国内计算机的国际远程联网，并开始与欧洲和北美地区进行电子邮件通信。

1989 年 5 月，中国研究网（CRN）通过德国 DFN 的网关，开始与 Internet 沟通。

1991 年，中国科学院高能物理研究所连入美国斯坦福线性加速器中心（SLAC）的 LIVEMORE 实验室，并开通电子邮件应用。

从此，中国网络开始像蜘蛛结网一样慢慢延伸到世界各地，通往互联网的红地毯在我们的眼前展开了。

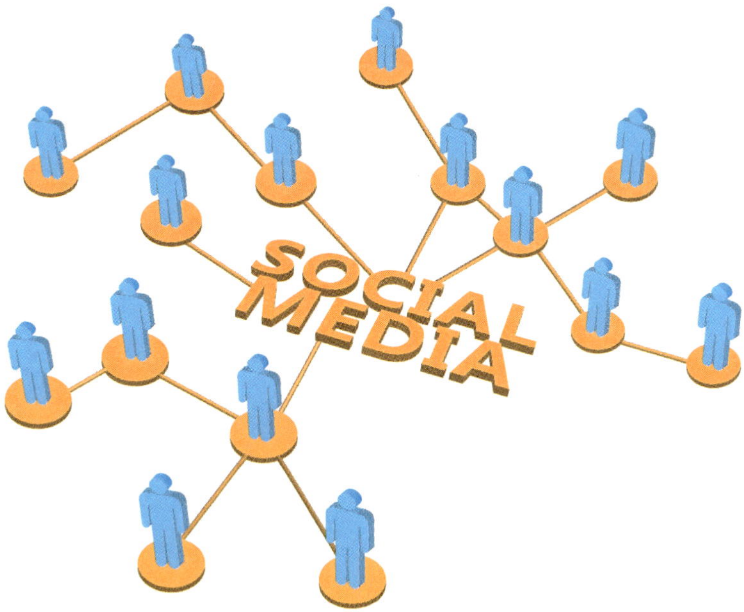

如大多数人所知的那样，互联网天然的人文精神在于平等、自由、开放这些美好的字眼。而且，看起来这雨后春笋般的势头已然可观，然而在很长的一段时间内，这些看似密密麻麻的线路依然只能将触角伸到 Internet 的局部。

从 80 年代末期到 90 年代中前期，继全球两大意识形态阵营摊牌之后，冷战流毒依旧操控着中西国家精英的大脑，这使得美国一直以来都反对中国加入互联网络。

1991 年 10 月的中美高能物理研究会上，美方发言人沃尔特·托基 (Walter Toki) 再次提出把中国纳入互联网络。会后双方达成一项协议：美方资助中国联网所需的一半经费，另一半由高能所自行解决。然而这并非是坦途的开始；当时北京出口所连接的每条线路都要经过仔细的检查，与此同时中国进口路由器也受到极大的限制。

经过来回折腾，直到 1993 年 3 月，中国终于与互联网络连通。可是在此前后，美国政府因为担心中国会从互联网络上攫取大量信息和技术成果，以不能让社会主义国家接入为由，提出了苛刻的条件阻挠中国与美国连通：中国专线只能连入能源科学网 (ESNET); 不得散布病毒；不得将 Internet 用于军事和商业领域。为了长久的发展，中国接受了这些条件，美国才基本同意，从而保住这条我国连入部分Internet的第一根专线，使得几百名科学家得以在国内使用电子邮件。

与政治霸权的较量一直持续到1993年6月，NCFC专家们在INET\'93会议上利用各种机会重申了中国连入Internet的要求，获得大部分到会人员的支持。这次会议对中国能够最终真正连入Internet起到了很大的推动作用。

1994年1月，美国国家科学基金会接受NCFC正式接入Internet的要求。1994年3月，我国开通并测试了64Kbps专线，中国获准加入Internet。4月初，中科院副院长胡启恒院士在中美科技合作联委会上代表中国政府向美国国家科学基金会(NSF)正式提出要求连入Internet，并得到认可。至此，中国终于打通了最后的关节。同年5月，中国联网工作全部完成，中国网络域名也最终确定为cn。

第四节　诸神黄昏与群魔暗夜

如果将互联网在中国的发展做个阶段划分，那么从1987年基础技术障碍的破除，到1994年正式全面接入Internet，可称得上是中国互联网的上古史。

相应地，1994年至1997年间的流变和滥觞，可说是古代史。这个时期，中国互联网的使用者，从最开始的中科院上千名科学家，泛化到高校知识界，直至民间知识分子。

尤为值得关注的是，互联网使用从泛政治地带向民间蔓延有着曲折的历史。正如互联网在美国所经历的一样，互联网一开始被用于军事领域和极其有限的重要学术科研院所。民间知识界乃至商业的逐步介入，都经历了政府与民间逐渐磨合的漫长过程。

以民间接触互联网最早的标志性途径BBS为例。中国最早的BBS应该是1993年，建于北京的“长城站”。以“长城站”为起点，中国开始出现由民间计算机技术爱好者搭建的 CFido，也叫惠多网。当后来的网民可以随时登录当时流行的论坛，瞬间完成登录、发帖和回帖的时候，如果没有更久远的记忆和技术认知，很难想象前辈们使用惠多网时的场景。

CFido 的工作原理大致是：站长在家里弄台电脑，拉条电话线接 Modem，装一个叫做“蓝波快信”的软件，扮演服务器角色。用户的电脑上装客户端，也用 Modem 直接电话拨号上站。最显著的区别在于，用户之间的交流不是实时的。用户进站后，需要将订阅的版块内容打包下载，然后断线之后慢慢看、慢慢回帖；回复好的内容，也打包准备好，再拨号上站，把内容更新上去。

在这种方式下，同一时间只能有一个用户占用线路，所以连线的时间非常宝贵，每个站都会根据用户的贡献和活跃程度分配每天能够上线的总时间——大概几分钟。

站长是唯一能够与用户进行实时交流的，可以说是民间互联网使用者中绝对的 leader，他们扮演着中国第一批互联网技术帝和社会知识精英的双重身份。他们中的部分人构成了中国早期互联网创业者群像，而少数人更是一路成长为现在的中国互联网巨头。

当时的著名人物有深圳 Ponysoft BBS 站长马化腾、珠海西线 BBS 的求伯君、雷军、大自然站的站长、自然码的作者周志农。而那时候已经开始做网站的洪波、高春辉、华军、戴志康等等都是活跃的 CFido 站友。

值得一提的是，惠多网跟后来出现的可以自由登录、实现多对多传播交流的 BBS 有着本质的区别，但至少提供了看贴、回贴、一对多进行信息交流的服务。

中国大陆第一个真正意义上的互联网 BBS，是 1994 年建在国家智能计算机中心的“曙光站”。当时中国的互联网出口有两个，一个是中科院的网络，一个是教育科研网。教育网的国际出口在清华大学，清华到中科院也就三四公里的路，但清华的电脑要连上“曙光站”，得从国际出口去美国兜一圈回来，既缓慢又不稳定。清华的学生一直熬到 1995 年 8 月，有个网名 ACE 的用户一怒之下在自己实验室的 386 电脑上装了套台湾的 BBS 软件，把站点起名“水木清华”。水木清华 BBS

是中国大陆第一个同时在线超过 100 人的“大型”网站。

也许是清华带了个好头，再加上互联网在普及早期对知识界天然的偏好，此后 BBS 作为文艺青年集结的大本营在高校迅速蔓延。这是一个耐人寻味也令人欣喜的现象。遥想 80 年代，改革开放的风气充满社会的每一个角落，包括人文思潮领域，那是一个成为校园诗人就可以泡到妞的时代，姑娘们似乎普遍容易被文艺洗脑，白衣飘飘比高颜值小鲜肉和长腿欧巴有市场得多。在 80 年代末期政治因素和整个 90 年代市场经济大浪淘沙的作用下，这样的人文风貌已然蜕化得“换了人间”。

毫不夸张地说，90 年代末期校园 BBS 的兴起，直接催生了高校文艺的梅开二度。虽然其群体规模无法与 80 年代相比，但似乎总能让人看到一丝希望。遗憾的是，如同被诅咒了一样，文艺的复苏终究只是昙花一现。

以历史的眼光来看，这是一个市场洪流解体人文的时代，在破而未立的历史间隙里，诸神的黄昏逐渐被群魔乱舞的黑夜蚕食。在旧人文凋敝之后，一个商业、娱乐与互联网相伴相生的时代正在隐隐约约向我们走来。在文艺领域，被主流文学界斥为庸俗的网络文学遵循着互联网原生性的知识基因和传播本质率先开始了轰轰烈烈的造神运动，这场运动势不可挡地将传统文学迅速边缘化，以此开启了互联网对传统文艺界冲击的魔咒。

如此煞有介事地讨论互联网时代开启对文学领域的冲击，既出于笔者的个人私心，同时也是我们讨论互联网社会变迁的题中之意——一个重要的事实是，正是在这个并不太长的、诸神活跃与群魔乱舞并存的时期，中国最早期的互联网公司正在厉兵秣马、军团成型。

1997 年到 1998 年，是中国互联网革命从量变到质变的重要年份，是互联网从古代史进入近现代史的标志性年份。这一年，中国网民的数量呈现几何级数的井喷式增长。紧接着的 1999 年，马云在美国一眼就看出互联网的商业门道，并雄心勃勃地回到杭州，开始着手创建阿里巴巴。

1999 年 9 月 6 日，中国国际电子商务应用博览会在北京举行。这一时期，电子商务开始起步，互联网不再只是消费平台，越来越多的人开始通过电子商务获得创业的机会，网商群体随之迅速崛起。网上银行、 网上教育，网上即时通信（1999 年 11 月 QQ 用户注册数突破 100 万）、网络游戏，等等，以网络为依托的商业运动勃然兴起。

2000 年，互联网的各种内容和应用蓬勃发展，四大门户网站崛起，一股互联网创业和发展浪潮彻底席卷中国。2000 年 4 月 13 日，新浪网宣布首次公开发行股票，第一只真正来自中国大陆的网络股登上纳斯达克。之后网易和搜狐相继上市，掀起了中国互联网的第一轮投资热潮。越来越多的人投入到互联网的创业之中，全民互联网初现端倪。

因为互联网的迅速普及，在千禧之年之后，看似波澜不惊的中国社会，正在从各个层面和领域发生着静水流深的变化。报刊的发行量开始下降，人们通过门户网站，可以窥见世界每一个角落正在发生的事情。

短短数年的时间，一个尚未彻底定型的社会中正在发育中的“公民”悄然被“网民”置换；眼前活泼泼的人，正在被看不见的“流量”代替。静水流深之上，浩浩荡荡的流量，浮着伟大的互联网时代，驶向现代中国。

第二章

商业社会的后现代洗礼

当我们今天从思维和话语上去探索商业和社会需求，似乎互联网已经成为一个必经的路口，而过了这个路口,商业社会就进入了一个全新的天地。一个问题是，由互联网重塑的商业社会，究竟是传统商业和互联网杂交而出的合体，还是传统商业遭遇互联网之后的自我延伸性发展？

第一节　互联网史前的商业真容

当我们今天从思维和话语上去探索商业和社会需求，似乎互联网已经成为一个必经的路口，而过了这个路口，商业社会就进入了一个全新的天地。一个问题是，由互联网重塑的商业社会，究竟是传统商业和互联网杂交而出的合体，还是传统商业遭遇互联网之后的自我延伸性发展?

显然，要彻底弄懂这些问题，在“商业”和“互联网”这些既成概念的层面上去讨论已经不足以洞察真相。我们不妨从商业本身的起源和流变去深入浅出地“观看”。

有趣的是，我们今天所见的集市贸易和沿街店铺，作为商业业态的双子星，早在商业的起源场景里就已经存在。8000 年前，在古苏美尔，商业区与店铺伴随着城镇化进程而不断发展，这被视为商业业态的起源。

在最早的商业起源图景里，集市贸易在城际贸易中扮演着至关重要的角色。这一方面是因为其既是商业交易的发生地，另一方面也是因为其充当着城际贸易与长途贩运的集散地，这就是最早的商业贸易与物流的协同运作体系；而那些分布在世俗城镇生活中的沿街店铺，则以零散的存在形式编织成一张庞大的网络，并与贸易和物流衔接，成为贸易服务的最初发祥地。直到今天，我们所司空见惯的街市店面，仍然遵循这一起源业态的运作规律，并呈现出同质性面貌。

就像今天的小店，往往承担着一家老小的全部生活。这些集市贸易卖场形式与沿街商铺从一开始就对“一门关进”的全场景生存状态有着特殊的偏好，店门开闭之间，吃喝拉撒应有尽有。正是这种有着明显生存目的和典型状态的原始商业生活场景，为人类提供了商业业态发展的最初样本，其所隐约展现出来的商品集散与城市黄金服务口岸的核心功能，直到现代才随着产业的发展慢慢趋于完善。

看起来，原始商业业态的落地场景，朴素而实在。比起今天的店铺将装修摆在

超级 Mall 与旧店铺的并存依然反映着社会消费的分水岭。　　摄影 / 半偏

显著重要的位置，原始的集市贸易对场地的要求可谓“不讲究”到了极致。东西南北中的人们，从四面八方聚拢来，席地而坐，边喝酒闲谈，边交换商品，再美滋滋地睡上一觉，翌日天明便又赶着驮马各奔前程。

这样的集市贸易原始景象，遵循的原则就是修建得越简单越好，足以遮阳挡雨，满足人们基本的落脚需求即可。现在城市中为独立承担商铺成本的小资金投资者提供的大棚场所，在基本面上还保留着这种商业业态最初的属性。当然，场地的提供者，显然不是公益分子，也不只是提供茶水那么简单，作为市场主体，他所售卖的本质上是土地价值；然而也仅仅停留于此，地面出租是其唯一的收入来源，而且与交易规模直接挂钩，货物交易总量越多，卖场就能获得越丰厚的收入，也能为属地的官方税收部门贡献更多地租与税收。

彼时的沿街门市主要扮演着城区零售点的角色，并在城区商业的发展进程中逐渐转型并成为网络化的存在。从一开始，这些城中的零售店就以其与商业贸易的先天关系为基础，早早为两者之间的逻辑关联定下了商业的基调。由此，批发与零售的基本商业流通结构得以塑造，批零之间的扣率或批零差也同步出现。

随着生产力的发达，社会分工成为必然，精彩的行业服务和专业分工开始将城市生活点缀得更加丰富亮眼。行业服务之间分工合作、共生互利的好处，被早期的商人们惊奇地发现并加以实践和推动。

比如餐饮业、洗浴业等以休闲消费需求供应为特征的行业，以一种梯度化的群体存在，形成共生体，在商业体系中作为标准配套而存在。城市商业区的形象与服务功能，在零售业与服务业的默契合作中逐渐由稚嫩出落得得体。值得注意的是，这只是城郊地区的集市贸易卖场与城中繁华地段的门市集群之间的联姻，而就个体自身的形象与功能而言，尚未构成质的提升和转变。

所以，归结起来看，在具有起源意味的原始商业场景中，每一商业个体在自身发展中都力求简易，满足卖场的基本要素即可，他们甚至对卖场基础设施对经营、物流的支撑作用也并不敏感。正是这些在店面形象上毫不讲究的个体户，最初以简单相加的集群式扩张方式，成为了商业诞生与发展早期的主流；直到现代全新商业理念和场景的出现，才面临被淘汰出局的命运。

城市的扩张成就了商业的繁荣与进步，繁华的商业街造就了鳞次栉比的城市繁华区域，在这些区域中矗立起较大规模的综合性商业体貌似也成了一件顺理成章的事。事实上，城市中心商业区里的商业设施发生这种体态上的变化基本上不需要过于复杂的条件与因素刺激，只要城市文明发生经济繁荣与社会进步即可促其发生。

联想到规整的商业场景出现之前的景象，这种最初的街市中不甚讲究的小商铺，显然保留了商品起源时的简单逻辑：人们从物物交换中发现了商业独立的妙处，于是有专门的人来干这种营生。毫无疑问地，在最初的场景里，专门从事商品供应的商人，都这样以个体为单位存在。尽管这些个体加在一起呈现出了一种热闹非凡的繁华，但比起更大规模的组织体系，商业的进一步发展仍然受到很大的局限。

当商业贸易和商业服务发展到一定阶段时，情况发生了变化：一方面，商人们发现商号的名声对自身经营的重大影响；另一方面，人性对于财富的无限渴求，决定了扩大经营规模的想法出现在人们的商业意识中。

于是，那些更富决策力、执行力和冒险精神的商人，首先凭借自身所掌握的资源要素展开尝试；横向意义上的规模扩大无疑是最直白的方式。这些原本守着自家小店铺依靠售卖单一或少量商品而安稳过日子的小商人，开始选择在城中繁华的商业区买地盖房，盖起规模更大的卖场。在这些卖场里，商品经营渐呈多元化。

然而，作为城市商业和消费的新事物，城市商场从一开始出现就面临着必须要解决消费者习惯的问题。居于城市中心的有利位置，看似身份显赫，但对于消费者来说，选择在距离更近的传统小商铺购买同类产品，显然是更理性的消费决策。

既成消费路径和行为依赖使得商场必须在配套设施上做出革命性的突破。大幅降价的价格策略看起来是个不错的选择；然而，在盘根错节的供应体系以及与其并行的利益链条中，即使是坐拥商城的大商人也没有足够的能量将商品的价格常态化地维持在低价的水平。

所幸的是，大商人之所以想到构造城市大商城，并非出于心血来潮。作为昔日散落在城市角落卖场中的资深店主，他们对城市商业的中心区域的意义、未来和创新可能有着深刻的洞见。在商城这种新事物尚只是头脑中的构想的时候，他们已经明确地知道，在城市中建造人们视觉和心理可及的大型商业业态，将意味着前所未有的商业话语权。

这无疑是伟大的理念创见。早前的商场并不具有经营商品买卖的功能，在个体商铺店主的群体商业意识里，竞争的要素简单而明确，无外乎品质、价格、距离，等等。然而，商城的投资者们却跳出了这种局限性的思维认知，开始考虑蕴含在城市商业中心里更抽象的价值和象征意义。

由此，商场从建筑层面着手，不仅在规模上“好大喜功”，更是着力于将之直接打造为人们印象中城市商业中心的地标建筑。也就是说，一开始商业中心只是作为一个模糊的城市地理概念模糊地存在于人们心中，而现在当人们提及这个区域时，首先想到的是标志性的大商场。就像我们今天在任何一个城市里联想到市中心时，

摄影 / 半偏

脑袋中冒出的其实是市中心最大的 Mall。

毫无疑问，城市中心地标和商业极地的双重印象，足以使得商场在事实上成长为城市商业的代言人。在商场的外在雏形被成功建构并深入人心之后，传统的大型卖场以及依附其存在的小商人、小商铺不得不逐渐退隐到城市生活的边缘，成为平民消费和低端货的代名词。

当商场逐步成长为城市商业唯一的龙头时，其自身的内部革命也显得顺理成章，一系列围绕商场流通逻辑的配套服务和机制正在酝酿。

商业扩张的天性带来的经营面积的扩大，必然导致商场对商品种类增加的需求，从而带来固定资产投资和流动性资产投资的双重障碍。摊位制由此而生，商场将单元铺面资源出租给小投资者，从而变相减轻了固定资产的投资负担；更具意味的是，这些摊位主很可能来自于原来的街市店主，他们开始主动接受商场的收编。

更重要的是，批零制被引入到商场的供应和物流体系中。在自营状态下，货品的仓储和各个环节的物流都是商场繁重的经营任务，而批零制意味着批发中心开始系统性地介入这些环节，从而分担商场的流动性资产投资。

一方面，商城变得更轻，它以自我革命的姿态，将自身经营内容进行分拆，并创建出一系列机制，并将之分解给合作方。而另一方面，商城无疑也变得更重，最鲜明的是产品种类和数量的增多、直接参与经营的人员的增多以及商场建筑的愈发庞大。

在这个双向取舍的过程中，商城向着专业化程度更高的方向演进，从而不断丰富着自身作为城市地理中心和经济中心的内涵，直到其彻底进化为一种更彻底的现代城市商业中心形态——百货公司。

因为一系列整合机制的创立，百货公司已然成为商业服务领域中各行业的枢纽性存在。更深刻地说，物流业、零售业等越来越像是为了服务百货公司而存在。而最具突破性的是，当商城以百货公司的姿态与金融业在现代社会相逢时，作为商业创新先驱的金融业也不得不俯下身来，屈从于百货公司。

在金融的助力下，百货公司将自身打造成为现代都市的建筑圣殿，时代感与历史感并存其间。如果说人类社会从近代走向现代的重要内涵，就是人们很大程度上单一性地活在一个商业的社会，那么商场可以说是这个商业社会最稳定的推动者和最主要的缔造者。

而今，商业领域的理念变革速度越来越快，昔日的百货公司早已成长为超级Mall。在任何一个行业，品牌成为生存的基本经营理念，尽管层出不穷的品牌拥有着一呼百应的话语权，但在任何一个城市，超级 Mall 仍然是它们的首站。

将现实的商业都会场景与数千年前的景象关联，我们可以看到商业格局的变迁。今天，超级 Mall 及其理念延伸所及的商业街等，仍然反映着社会消费的分水岭；而在这些集约化区域之外的社会角落，平民消费空间依然作为商场的补充而存在。

随着网络的兴起，互联网在市场领域的应用，最先从商业流通的角度，以电子商务的方式向人们昭示着互联网时代的开启。在看似很短却着实漫长的十几年中，

摄影 / 半偏

围绕线上线下的争论与角逐始终悬而未决。

无独有偶，当电子商务具体以平台电商的形式出现在人们的商业生活中时，仿佛在宣告：数千年前城市大卖场的形成过程，正在互联网的世界重演。由此，人们既欣喜又忧虑，电商究竟在多大程度上能够替代传统的线下商业场景？

第二节　信息让互联网成为商业化妆师

近几年来，“互联网思维”可以说已经成为最流行的词汇。在互联网创业竞争最激烈的时期，小米逆向而行，短时间内就获得了巨大的商业成功，被誉为互联网最大的黑马。一时间，全国掀起了学习小米的热潮，“互联网思维”一词也因此而称为新商业的风尚标。

在流行词汇的后面，我们感受到种种复杂的社会情绪，我们姑且将之称为“互联网情绪”——焦虑、兴奋、迷茫，不一而足。

那么，互联网思维究竟是什么？“专注、极致、口碑、快”，小米用这样的七字诀，作为对互联网思维的最简练归纳。周鸿祎的总结就是“用户、免费、体验、快速迭代”。

似乎，所谓的互联网思维在每一个人那里都无定论。那么，互联网思维又究竟是如何改变社会，改变商业，改变每一个个体的呢？

任何一项新的技术，之所以能改变社会生活生产，一定有其本质性的因素作为撬动世界的支点，那么对于互联网来说，这个支点是什么？我们不妨基于类比，打一个比方。

在整个工业时代，数次产业革命用新能源的力量，改变机器运转的动力，由此更大程度地将人从生产环节中解放出来，从而掀起产业迭代的飓风。而相比于能源革命，互联网改变世界的机制似乎难以捉摸；因为它影响世界的面向是如此之广、如此之深。而实际上，当我们将互联网思维删繁就简，就会发现，互联网的支点正是“信息”，它通过信息链接方式的变革，对世界的样子进行了深刻重塑。

对于接受信息的人来说，互联网似乎变成了我们感官的一部分；而今在种种互联网应用中，我们的肢体、眼睛、耳朵以及大脑组织器官等等，都在与互联网深刻关联，并改变着人类与世界发生联系的场景，我们获取信息的渠道前所未有地被丰富，人的社会关系也前所未有地得到了改变。

当前人类所要改造的客观世界，呈现出一种信息大爆炸的态势；这不是一种简单的倍增，而是指数级的加速度增长，这导致我们不得不用大数据来形容统计学在互联网领域的延伸。与此同时，人们获取信息的效率也前所未有地得到提升，获取信息的方式也变得更加立体——声音、文字、图形、影像等等。

互联网将世界的一切连接起来，通过海量信息不同的链接方式，改变了组织与组织链接方式，改变了人与人沟通方式，改变了企业价值链的链接方式，改变了社会资源的整合方式，改变了人们的消费方式。仅就商业而言，它大大地高了生产效率、沟通效率，减低了组织之间交易成本，减低了企业的生产成本。

这一切的变化使得人们的需求得到了更大的满足，同时也迫使人们按照时代的要求来进行思考，按照时代的要求来改变行为习惯。

毫无疑问，当我们从整体上来分析互联网对于商业社会的改变时，我们发现：这一切最终是经由改变作为市场主体的企业的运作方式来完成的。

在互联网技术对社会生产和流通各个环节，以及人的消费心理的深刻影响下，企业必须在重新认识社会的过程中反思自身的价值所在。在传统与互联网之间，企业与旧的商业模式做出局部切割甚至整体决裂，从而获得继续生存的动力，重塑自身的竞争优势。

对于商业世界的每一个利益攸关者来说，弄懂互联网对商业模式影响的基本规律，是刻不容缓的事。

根据科斯理论：信息不对称产生企业，企业存在，价值创造的本质就是降低交易成本。

从根本上讲，互联网技术正是通过打破生产流通中的信息不对称，让价值链上信息不对称环节产生的交易环节得以去除，从而缩短了路径、提升了效率。

几乎可以说，信息几乎充斥着世界上的一切运动。换言之，万事万物都是信息的节点。以这样的理论认知为基础来架构企业信息革命的过程，或许再适合不过。生动的景象是，传统企业的信息传递由线状变成了网状，生产和流通因此而被彻底改变。

信息的低成本，使得商业价值链中信息的链接成本大大降低。信息链接范围的变化，使得商业信息的沟通变得简单、快捷，获得消费者需求信息的速度越来越快，从而在更精准的生产中重构供需关系。

简而言之，通过如此种种对信息链接方式的变革，互联网最终改变了商业模式。根据波特对价值链、商业模式以及信息链接的理论，我们把企业围绕价值的活动做如下划分：

第一，产品或服务与消费者的链接，包括用户、需求、产品、交易 / 渠道、推

广 / 品牌等。

第二，链条组织活动，包括研发、资源整合、组织合作、生产、物流、决策、管理等。

组织和客户之间的交易通过渠道链接，产品和组织价值创造的连接通过流程，价值活动和供应商的联系是通过供应链的信息链接。在这样的商业价值链接结构里，互联网改变着其中的每一个环节，丰富着其中的每一个变化，进而从现象上改变了商业场景，并最终给商业模式带来了革命性的转变。

在组织的价值链上，互联网通过对信息传输效率的提升，缩短了组织与客户之间的交易时间成本和空间成本。这几乎是现今互联网对传统行业进行改造的一般性方式，商业模式的重建因此变得有章可循；跨界、免费作为曾经的互联网创业法宝，也不再神秘。

以此为例，商业生产和流通在围绕其价值链的各个环节，开始运用互联网技术逐次搜排，寻求一切的可能来尽量降低成本，甚至使之最终趋于零。每个环节的成本降低，不仅意味着企业拥有了更大的操作空间，以便为客户创造更好的产品和服务，更在于可以将节省出来的成本让利给客户，实现价格的逐步低走，进而赋予跨界、免费等商业理念和商业模式新的内涵。

由此，可以认为：在互联网时代，企业最重要的核心竞争力，就是使得内部交易成本比市场的交易成本更低。

循着商业链的基本构成环节，我们可以很清晰地看到互联网是如何改变商业环节中的信息链接方式的。

互联网改变了客户与组织的链接。过去线下面对面式的沟通过程，替代为随时随地可以发生的线上交易场景，由此大大缩短了销售渠道的路径和执行时间，从而使交易更加高效地发生。尤其是，互联网销售场景中，消费者与消费者之间不再像传统那样相互隔离，每个消费者都可以在线上虚拟交易空间，看到其它消费者的真实决策和评价。

互联网改变生产要素的链接。在传统的生产流通结构中，人、财、物链接与产品的生产销售链条高度吻合，因而呈现出点与线的单线条特征。比如说在分销体系中，货物和资金循着厂家、批发商、零售商的合作交接而同步转移。在互联网的商业架构里，人财物的组织方式开始彼此之间拆解开来，因为交易平台的集中管理功能，资金的支付、管理和结算，以及货品的仓储、中转和送达，等等，被集中到平台上统筹处理；如此，作为交易主体的人的责任变得轻便起来。

互联网改变了企业组织内部信息沟通的结构。在传统企业沟通中，沟通场景局限于线下，时间、空间、设备成为限制性因素。为了管理上的高效，金字塔式的层级组织成为企业人事机构的基本范式，企业指令传输、决策讨论等严格按层级进行。而互联网的出现，使得时间、空间和设备的限制性因素大为削减甚至完全消除，从而使得既往组织结构显得笨重而低效，取而代之的扁平化的新型管理结构，这无疑提升了沟通效率，降低了沟通成本。

可以看到，互联网在企业组织链接、生产要素链接和价值链的各个环节上的改变几乎是全方位的，在很多情况下，这种改变不是程度上的差异，而是性质上的完全不同，从而产生了颠覆性的变化。

首先，颠覆了企业与客户之间的沟通模式。今天，互联网社会社交场景的便捷性、即时性，使得人与人之间前所未有地高度而高效地链接在一起，通过微信、微博，我们可以随时将消息传达给特定受众，也可以在人群中找出具有高度辨识度的人群以及其中的个体。从商业的角度而言，这种沟通方式和场景的改变，最终改变了价值链中前端环节的信息链接，也就是企业和客户之间的沟通方式和机制。比如，以往企业要获得消费者的统计信息，需要经过严密的问卷设计和繁复的调研过程；而在互联网场景中，企业可以轻松与消费者互动，甚至可以依靠消费者的信息残留，单向地捕捉到想要的消费者群体信息。

其次，颠覆了传统社会企业的经营方向。在传统社会中，最优良的赚钱方式是“囤积居奇”，企业在生产贩卖产品和服务时，刻意制造其稀缺性，以获得更高的议价能力。这种经营方向直到近现代，随着社会生产力的解放和生活必需品的规模化生产，才开始呈现根本性的转变；而互联网的出现则将其彻底颠覆。互联网经济从一

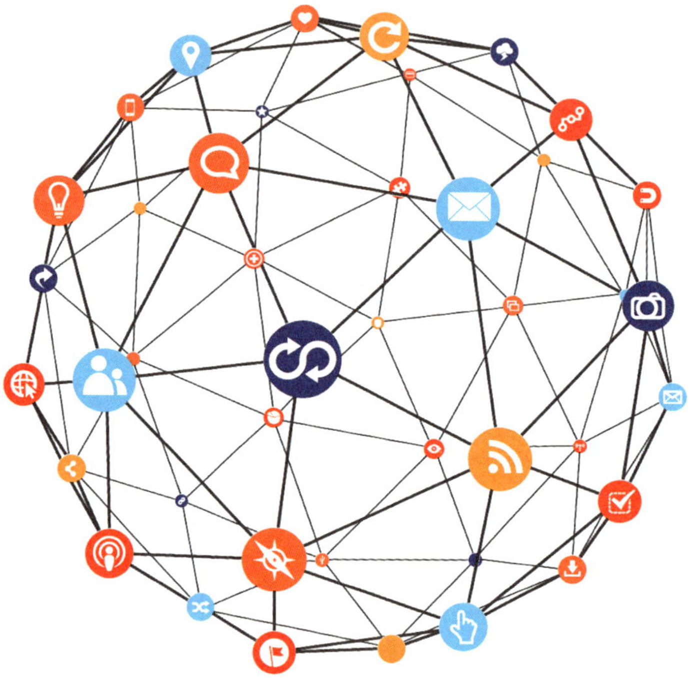

开始就格外强调规模经济，他以流量取胜，以薄利多销获得可观收益，产品和服务的普及化需求满足，成为衡量企业收益最大化的根本性指标。

最后，颠覆了品牌创建的内在机制。在信息高度不对称的工业时代，品牌的成长周期相当漫长，尤其是品牌与每个人消费者之间的关系呈现出一种私密性的特征。而在互联网时代，由于传播的异常高效，品牌在一夜之间竖起大旗成为可能；更重要的是，由于受众之间的横向通透，品牌的受众呈现出社群化特征，从而使得品牌的地位更加稳固。

第三节　连接让流量主导价值

互联网今天无时无刻不在影响着我们的社会、影响着我们的生活，正在改变着传统许多商业的模式，也在改变着我们传统的生活方式。互联网的本质是传播，这正是它改变商业的本质力量，我们认知中的世界无不由信息支配而运转，商业也不例外。信息本身意味着相互性，如果没有传播和接受，就无信息可言。就是遵循这样朴素的原理，互联网通过对信息的艺术性驾驭，创造了表象层面一个重要的本质——连接。

在以往的价值评价体系中，我们往往着眼于切实的投资回报，然而在今天，回报不再局限于直接的利益，而是呈现为对于生活质量本身的欣喜感。我们不再单纯地认为一个亏损的企业在价值上无法与那些盈利的企业相提并论，而是从更加透彻的视角去看待。当我们看到股市上有些的 PE 达到百倍甚至千倍时，我们不再简单地将其理解为价值的飙升，而是想到，作为投资者的我们将要在百年甚至千年以后才能得到回报。

这得益于万物互联给我们的启示。不得不承认，企业成长的速度、营收规模和利润水平依然会作为重要的价值评定指标存在，但在互联网新链接的流量世界里，他们已然开始让渡价值的评判主导权。

一个企业的价值不再跟它的营业额直接挂钩，而是与它客户数和客户的忠诚度息息相关。业内将这样一个企业的价值称作“N 的平方的价值”；言外之意，就是说当你明天的客户比你今天客户多了一倍时，你就拥有了一倍的价值。一言以蔽之，客流量才是真正的争夺目标，这也解释了所有的互联网企业在初创期就不谋而合地疯狂烧钱的原因。本质而言，它们是在用金钱创造更高的企业价值，而这种价值的最直观体现就是拥有了更多的连接。

如今，连接已经被大幅普及，过去很长时间内单纯存在的人和人之间的连接已经被更精微的连接所取代；或者说，人与人之间的连接已经被置于更繁杂的连接网络之中了。在我们的日常消费中，传感设备、信息设备、存储设备等，都开始普及；最终形成了一个充分连接的时代图景。

因此，企业的价值开始体现在创造有忠诚度的连接上，而创造连接本身也成为一种必要的投资。

在创造连接的投资行为中，一个显著的特征便是去中心化，中央控制式的连接也将被彻底打碎，重新得到连接。借助快速的组织行为和对组织内部的跨越，传统的连接方式将黯然失色，一个简单的例子是，教师不再单纯是知识的传授者，而必须成为学习行为的引导者和学习过程的组织者。

今天，环境的碎片化导致我们的行为被无限地切割，而这也为即时的连接和迅捷的共享提供了前提。在互联网创造的虚拟平台上，即时连接创造了巨大的流量，而迅捷共享则使得流量具备了一定的忠诚度——可想而知，一个基于共同需求的共享行为本身就有着社区一般的聚合力。

如今，超越国家的社区已经开始，在互联网社区之中，每个人都有表达意愿，每个人都有机会表达意愿，而由每个人所代表的流量最终将聚合为社区的流量。所以，当我们看到社区创造出极大的商业价值时，我们也要看到这种商业价值的背后其实是以关系、组织等形式存在的流量连接。

传统的企业价值评定标准已经被互联网时代的流量标准取代，而流量制胜的根本在于万物互联。在这个协同与合伙的时代中，资本将不再是唯一的制胜法宝，而智慧也可能得到一本万利的回报。伴随着互联网的勃兴与发展，企业的虚拟化和价值的虚拟化正在成为大势，控制将让位于合作，垄断将让位于共享；当我们寻取新的商业模式并捕获无限商机时，我们发现，我们都处于巨大的链接之中。

当我们打开手机时，满屏的 APP 极大地满足了我们的日常需求，甚至，APP 已经主导了我们的生活行为，进而也在某种程度上塑造着我们的思维模式。事实上，APP 也可被视作是一种经济行为在个体身上的附着。

试想，当你打开某一款 APP，你会看到一个宣传界面，它可能是一则广告，可能只是一个理念性的动画，但这背后蕴含着无限的广告营销链接和消费需求链接。当你进入它，你会发现另一个虚拟世界向你打开，它或许能为你导航，或许能为你点餐，或许能为你购票，又或许能为你提供你所想要的任何一种信息。在这种便捷的信息供应和消费满足背后，是整个互联网世界所缔造的流量连接。而你手指在屏幕上的任何触碰都将引发新的连接和新的可能性。

站在商业的角度来看，你的每一个消费行为都是在为一个互联网企业的崛起增砖添瓦。须知，在任何一款 APP 后面，都有一个野心勃勃的团队在跃跃欲试；他们为你创造了与这个世界更亲密的连接，而你为他们输送了他们想获取的价值。本质而言，你作为流量的一份子，默默地为这个互联网时代贡献着自己的应有之力。

壹茶所践行的正是以连接消费者为主的营运策略。　　摄影 / 半偏

第三章

流量导演的资本游戏

互联网的出现不仅让人的自我功能得到延伸，也让社会原有的功能得到了开拓。当资本取代一个行业的本质要素居于主导作用，也就意味着行业已经迎来它阶段性的发展巅峰，接下来是衰退期还是新景象，则完全取决于技术的突破和理念的创新。

第一节　并不复杂的互联网世界

互联网的出现不仅让人的自我功能得到延伸，也让社会原有的功能得到了开拓。通过不断进化的互联网技术，不断进化的互联网产品，我们能够完成很多以前完成不了的事情，并且变得更加简单、快捷、高效。

基于不同的服务对象、不同的运行平台、不同的用户需求，互联网产品有不同的分类，但是，一切分类必须建立在互联网最核心的资源——人——身上。所以，在几种不同方式的分类取向中，显然以客户需求为角度，是最接地气、最具实用性的分类方式。当我们笼统地看待互联网时，似乎它总是蒙着一层神秘的面纱，似乎但凡现实生活中所有的，网络中已然无所不具。但当我们回过头来反观我们每个人自己的需求，从个人需求出发时，我们会发现，互联网的世界变得简单，我们与其之间的关系也变得不再那么难以厘清和把握。

信息集成和交互类产品

计算机的出现为处理、存储、集成复杂信息提供了更加便利、高效的平台。1969 年，为了在可能爆发的核战争中实现通信联络，美国国防部高级研究计划署 ARPA 资助建立了互联网最早的雏形 ARPANET。ARPANET 是一个分组交换试验网，它的出现产生了互联网最早、也是最基本的功能——内容集成和交互。

过去，信息集成和交互类产品主要是解决不断产生的海量信息存储和传递的需要，信息的生产者和消费者之间界限很清晰。随着互联网的普及，信息的生产者变得更加复杂，逐步划分出 OGC（职业生产内容）、PGC（专业生产内容）、UGC（用户生产内容）三个层次，信息专业深度依次递减，用户参与程度依次递增。

随着技术的进步和社会发展，信息类产品也在不断变化升级。信息类产品能提供的内容由文字为主变成文、图、视频结合，进而演化出视频直播、图文直播等互动性更强的形式；信息传递的时效性更强，不仅实现即时更新，而且互动性越来越强；信息资源由混杂的“仓库”变成更有条理的“货架”，并出现用户体验更佳的个人定制功能。

随着互联网的覆盖面越来越广，参与互联网的人越来越多，信息的产生主体愈加复杂，致力于提升信息集成和交互效率的“云”出现。大数据和云计算的出现，一方面重构了信息集成的规则，让信息的存储和查找更加有效率；另一方面，信息投放的选择性、针对性更强，不仅细分人群，同时实现信息生产者与信息使用者的“交流”，使信息可以更快到达最需要的人手上。

功能实现类产品

功能实现类产品是基于我们工作、生活需要而产生的，是帮助我们达到、完成或促进某一事物的产品，所以我们也可以说，功能实现类产品就是一种互联网的工具。例如，PC 端需要的浏览器、办公软件，移动端的手机助手、手机卫士，读书需要的阅读软件等，都是功能实现类产品。功能实现类产品最开始的初衷就是提高效率、节约时间。解决了基本的功能问题后，紧随其后的就是实现我们在某个细分场景下的需求。

功能实现类产品的用户需求非常明确，有这个功能需求的会找上门来，没有需求的可能“老死不相往来”。功能实现类产品基于一定程度上的不可替代性，你可以不需要，也可以选择同类型产品中的一种，但是有功能需求的时候必须选择其中一款。因此，功能实现类产品必须基于自身的功能做好受众的细分，同时处理好功能实现与用户体验的关系。

互联网产品竞争激烈，火爆的产品形态层出不穷，但很多产品往往昙花一现。功能类产品往往追求小而精，基于用户不可替代的需求进行深度开发，不断加深用户的惯性思维。例如，支付宝最初本质上是一个担保支付工具，经过业务扩张和发展后目前已经成为一个综合的金融及生活服务平台。

但是需要注意的是，功能实现类产品的衍生并不是简单的大而全，产品的发扎需要符合产品定位，与核心业务有关联性，市场上不乏过度开发和过度延伸而迅速衰落的产品。拿飞信举例，飞信是中国移动基于庞大的用户群体，推出的综合通信服务软件，一段时间内成绩斐然，甚至隐隐有和腾讯 QQ 相抗衡的趋势，但是随着向社交网络逐步深入，开发乏力、思维老化的弊病逐步体现，不仅在社交圈竞争中层层溃败，连最基础的免费短信功能都开始被用户抛弃。

资源整合平台

资源整合平台是基于线上、线下复杂的资源体系，通过特定的规则进行整合，以实现用户复杂需求的互联网产品。

随着参与者越来越多，如何处理用户对于互联网的不同的需求和互联网庞杂的资源提供者之间的关系就成为一个重要的议题。互联网在逐步发展蜕变的过程中，功能不断延伸、扩张和细分，在这个过程中，产生了一些基于处理复杂需求细分的产品，通过建立一整套规则，最终形成一个生态化的资源整合平台品。

例如，微信在最初社交圈的基础上，对个体信息生产者资源进行整合，开发微信公众号，从最初的信息传递和共享，逐步拓展到企业宣传、产品销售等渠道；阿里巴巴从最初为生产厂家和订货商提供产品信息交互，逐步发展成为中国最成熟的国内批发贸易网上市场，进而开发淘宝、天猫等产品。

社交类产品

社交是指社会上人与人的交际往来，是人们运用一定的方式（工具）传递信息、交流思想的意识，以达到某种目的的社会各项活动。可以说，社交是人类社会最基本的活动之一，不仅能够进行信息沟通，还能通过社交实现特定目的。

社交类产品的出现最早是为了解决信息交互的及时性，邮件收发是一种社交，MSN、QQ 等即时通信是社交，相亲、直播平台也是社交。社交类产品与用户的关联度最高，根据需求不同可以分为熟人社交、陌生人社交，根据方式不同可以分为

图片社交、视频社交等等。

社交类产品离我们的距离很近，基本上每个使用互联网的人都会使用社交类产品，有的是单一一种，有的是很多种；同时它又离我们很远，很多产品一面世即死亡，也有一些产品如绽放的烟火，转瞬即逝。因此，社交网络永远是互联网产品中最具吸引力的领域，同时也是难度最高的领域。

休闲娱乐类产品

按照出现的顺序来说，休闲娱乐类产品也是互联网最早期的产品之一，就好比，娱乐活动也是人类生活中除开吃饱穿暖的最基础生理需求外，最不可或缺的部分之一。

休闲娱乐类产品种类很多，细分包括游戏类、艺术类、益智类、竞技类等等。基本上可以说，人类历史上出现的所有休闲娱乐项目，都有互联网的翻版，同时，基于互联网技术的不断发展，很多新的休闲娱乐方式出现，很多奇思妙想变成我们手中的休闲娱乐产品。

最早的休闲娱乐产品，例如各类扑克、扫雷游戏，不仅是很多人的记忆，还发展出很多新的玩法，仍然具有很高的接受度；网页嵌入类游戏基本覆盖所有互联网产品，使得互联网玩法更加丰富；各类手游、端游接受度极广，给商家们带来不菲的利润。

电子商务产品

电子商务不是一个新概念，但是真正发展起来的时间却并不长。尽管历史很短，但是发展极其迅速，已然成为最赚钱也是最烧钱的互联网投资领域。在电子商务产品成为红得发紫的“红海”的时候，仍然有很多资本不遗余力介入这个领域，试图瓜分这个似乎发展永无止境的蛋糕。

电子商务产品是对传统商业的一次大革命，而且是最彻底的革命。电子商务产品诞生满足了各行各业、各种形态、各种产品的交易，基本完全不存在禁区，在商务模式上，覆盖 B2B，B2C，C2C 以及衍生的 O2O 交易。可以说电子商务产品是离钱最近的互联网产品，它的出现使得“坐在家中买遍全球”不再是一种空话。

随着社会生产力的提高，消费能力的提高，消费者的消费心理也经历了从追求功能性、稳定性、易用性到创造愉悦性的跃迁。购买低价、同质性高的商品不再是最根本需求，他们进一步有了购买中高价位、个性化商品的强烈需求。尤其是面对信息爆炸，消费者能够更方便地找到自己心仪的商品。

第二节 电商洼地如何被填满

对于电子商务的起源，各家说法不一，但是可以肯定的是，随着互联网的出现，以互联网为基础的贸易在探索中逐步前进，进入 21 世纪以后，迎来了爆发性的增长期。互联网在全球爆炸性地增长，促使传统商业模式不断被改革，供货渠道的升级、产销互动的实现和全球竞争的到来，促使现代商业模式逐步成型，在此基础上，基于互联网、以交易双方为主体、以电子支付和结算为手段、以客户数据为依托的全新商务模式——电子商务出现并发展起来。

1995 年亚马逊和易贝在美国成立，当时世界电子商务规模不到 20 亿，人们顿时感受到了电子商务的无限潜力。次年 12 月，联合国国际贸易法委员会制定通过了《电子商务示范法》，为各国电子商务立法提供了一个范本。1998 年 5 月，世贸组织 132 个成员方签署《关于电子商务的宣言》。与此相印证，到 2017 年，短短的 20 多年，全球电子商务市场规模近 30 万亿。

对于现代商业发展相对滞后的中国来说，电子商务似乎跟进更快，发展更迅速，甚至可以说如梦如幻。在最早的美国网络热潮中，马云于 1995 年 5 月 9 日创办中国黄页，成为最早为企业提供网页创建服务的互联网公司，那是中国的互联网市场一切都还只是雏形。到 1999 年以后，中国化工网、8848、阿里巴巴、易趣网、当当网、美商网相继成立并迅速发展起来。兴许是看到了未知电商领域的无限可能，1999 年 9 月，招商银行启动一网通网上银行服务，成为国内最早的网上支付提供商。

1999 年 9 月 3 日，在 8848 网成立 4 个月以后，包括人民日报、北京电视台、上海东方电视台、广东电视台在内的媒体联合主办了“72 小时网络生存测试”活动。12 名背景各异的自愿测试者连续 72 小时里，在完全封闭、没有水和食物的环境中，靠主办机构事先提供给每个人的 1500 元人民币现金和 1500 元电子货币，尝试通过国内的互联网络获得食物、生活必需品和必要的娱乐活动。一次轰轰烈烈的造势活动最后虽然草草结束，但可以看出那一代电商人的才华和努力，同时也可以看到社会各界对电子商务这个新鲜事物的无限好奇。虽 20 世纪 90 年代中国电商不算顺利的发展，但为我国电子商务发展打下了很好的基础。

由于扩张速度快，资金投入过多，电子商务问题物流、管理问题暴露，网络股出现泡沫经济，国际股市从 5000 点跌破到 2000 点，资金撤离，网站开始重新洗牌，优胜劣汰，强者生存，弱者淘汰，电子商务发展经历了寒冬腊月，超过三分之一的网站销声匿迹了。一时间，众多的注意力集中在因特网经济的泡沫上；尤其是作为电子商务典范的美国亚马逊公司经营情况的恶化，中国 8848 等电子商务公司的倒闭，更是加大了人们对电子商务的恐惧心理，似乎电子商务已经走到了崩溃的边缘。

经过严峻的市场考验，电子商务网站开始务实经营，SRS 的出现、911 事件的发生、禽流感病毒的传染等，令许多行业在春天里感受到寒冬的冷意。令人意外的是，电子商务区却迎来了卷土重来最好的时机，中国电子商务也开启了快速发展的二十年。

2003 年 5 月，阿里巴巴集团成立淘宝网，进军 C2C 市场；

2003 年 12 月，慧聪网香港创业板上市，成为国内 B2B 电子商务首家上市公司；

2004 年 1 月，京东涉足电子商务领域；

2004 年 12 月，阿里巴巴成立支付宝，打通电商第一个第三方支付平台；

2005 年 9 月，腾讯依托 5 亿 QQ 用户，成立拍拍网；

2007 年 11 月，阿里巴巴网络有限公司成功在香港主板上市……

与此同时，国家也先后出台了一些促进电子商务发展的重要措施，《国务院办公厅关于加快电子商务发展的若干意见》、《电子商务发展“十一五”规划》等接连落地，从政策层面为电子商务发展指明了方向。在政府的引导下，我国电子商务初步形成了具有中国特色的网络交易方式，网民数量和物流快递行业都快速发展，电子商务企业竞争激烈，平台化局面初步成型。

科尔尼管理咨询公司发布的《2015 全球零售电商发展指数报告》显示，2013 年全球电子商务发展指数排名前三名为中国、日本和美国，中国超过美国，首次跃居全球第一。艾瑞咨询数据显示，2016 年中国电子商务市场交易规模 20.5 万亿元，同比增长 25.6%，网络购物市场交易规模达 4.7 万亿元，同比增长 24.7%。中国作为电子商务交易额占了全球近 40% 份额的国家，电子商务发展经历了井喷式增长，目前已经开始步入成熟期。

从中国电商电商发展的情况看，有以下几个趋势：

1. 电商平台在激烈的竞争中不断整合发展

个人流量

——开启后互联网时代流量变现新通路

随着社会生产水平和消费能力不断提升，以及互联网技术的不断进步，电子商务竞争不断加大，与此同时，资源整合、平台重组不断发生。电商平台的整合发展既有阶段性重新洗牌，也有常规的优胜劣汰，归根结底，如果没有稳定、持续的竞争优势，则在电子商务这个红海当中，寸步难行。

目前，以资本为导向，以互联网络为基础，以市场为引导，电子商务企业不断整合，方式包括合作、兼并、重组等等。例如，阿里巴巴兼并美团、盒马先生，整合当当网；京东入驻微信等。电商的兼并、整合、重组，有两个典型的趋势：

一是“大鱼吃小鱼”。美团、当当、盒马先生等，在各自的发展初期，都有相对稳定的客户群体，有一定的市场吸引力，但是，随着电商的不断发展，面对同类平台的竞争，以及自身规模小、平台有限，导致发展乏力，进入瓶颈期。在这种情况下，“大鱼吃小鱼”不仅对于大的平台来说，是充实，对于小平台来说，也是依托更强大资源可持续发展的重要方式。

二是用户导向。用户是互联网时代最核心的资源，京东入驻微信，增加全新的接入点，为京东带来了大量的流量。一定程度唯一性的流量带来的是更具消费潜力的人群，对京东的发展百利无一害。

2. 电子商务配套和服务迅速发展

电子商务的迅速发展，必然带动相关产业的发展。以电子商务关系最紧密的几个模块来说，近几年，电子商务配套的信息技术、设备和服务发展迅速；快递业规模和能力直线提升，物联网时代已然到来；针对电商的服务企业、平台和软件如雨后春笋，发展迅速。

以快递业发展为例：2016 年，我国快递业务量为 313.5 亿件，与去年相比增长 51.7%，其中，电商快件占比过七成，是快递行业发展原动力。与之相对应，去年中国快递业务收入为 4005 亿元，同比增长 44.6%。预计到 2018 年，我国网络购物规模将达到约 7.8 万亿元，2015—2018 年仍将保持 27% 的复合增速，预计到 2018 年快递业收入约 5000 亿元。

2017 年 2 月，国家邮政局发布的《快递业发展“十三五”规划》提出：到

2020 年基本建成普惠城乡、技术先进、服务优质、安全高效、绿色节能的快递服务体系，形成覆盖全国、联通国际的服务网络。并提出七项任务和九大工程，积极打造“快递航母”，到 2020 年形成 3 至 4 家年业务量超百亿件或年业务收入超千亿元的快递企业集团，培育 2 个以上具有国际竞争力和良好商誉度的世界知名快递品牌。

2016 年我国排在前列的几大民营快递企业（顺丰、圆通、申通、中通、韵达）先后登陆资本市场。2017 年越来越多的快递企业将加速拥抱资本市场，比如德邦物流、百世快递等。

3. 跨境电商抢占市场

跨境电商是互联网时代的产物，是“互联网 + 外贸”的具体体现，必将成为新的经济增长热点。由于信息技术的快速发展，规模不再是外贸的决定性因素，多批次、小批量外贸订单需求正逐渐代替传统外贸大额交易，为促进外贸稳定和便利化注入了新的动力。

跨境电商作为新的外贸方式、新的交易模式和新的经济增长点，有着巨大的市场潜力和生命力。跨境电商主要有三种模式：一是在国内成熟电商平台上开展“海外购”，例如天猫国际、京东海外购、一号店海外购等；二是一些国外电商平台开展“海外邮”，例如亚马逊直邮；三是一些互联网或者相关企业“跨界”做海外购平台，例如网易考拉海购、顺风海淘等。

第三节　不计成本的流量膜拜

随着垂直电商的兴起，垂直电商让资本玩家、甚至中等规模的投资者看到了机遇，然而在新一轮跑马圈地的过程中，价格战成为绕不开的近身肉搏战。对于垂直电商来说，很容易为了提高占有率而陷入与各大平台以及其他垂直类竞争者的价格战怪圈。可这并不能给垂直电商的发展带来想象中的巨大优势。

几年前，蜜芽宝贝、贝贝网、辣妈帮等亲子电商几乎是同时站在了垂直母婴电商的风口上。在接连宣布千万美元级别融资后，价格战随之而来。

2015 年的母婴电商之战至今让人们印象深刻，蜜芽宝贝以“5 亿备货 +1 亿元补贴”的价格策略率先发难，其日本进口纸尿裤更是价格直降一半，从 180 元左右拉低到 68 元。三天之内，平台交易额达到 3 亿元，竞争平台在手忙脚忙间，纷纷降价以保持与蜜芽的价格拉锯形势。

即便是对于那些能够生存下来的少数几家寡头，由于背负价格战前后的高昂成本，日子也并不好过，这一点，我们从流量获取的渠道构成和成本，不难看出端倪。

后互联网时代，互联网的红利期已经悄然而逝，流量成本的持续推高，让互联网曾经引以为傲的竞争优势已然走到了对立面。单纯从线上发力创业和发展俨然成了一条死胡同，在这种情势下，越来越多的互联网企业纷纷将战略的目光投向线下，企图从昔日的主要流量入口场景里找到破局之道。与此同时，一场收购兼并的大洗牌正在如火如荼地展开。

2017 年 8 月，饿了么正式宣布将百度外卖纳入自己的商业版图。据 AI 财经社报道，这笔交易的代价是 8 亿美金，其中 5 亿被用于百度外卖的股权收购，另外 3 亿则是百度打包的为期五年的流量广告费用，包括手机百度、百度糯米、百度地图等。也就意味着，在这五年中，饿了么平均每天要支付给百度的流量费用逾 110 万人民币。一个显著的变化是，作为此次收购的核心战略，与百度的连横，使得饿了么也可以像阿里巴巴一样从百度直接获得流量。

须知，对于互联网创业平台来说，流量即是生命线。自从互联网在中国遍地开花以来，流量入口长期被 BAT 牢牢把控。如今，今日头条、美团和滴滴等新晋互联网大佬，已然跻身流量大户的第二阵营。但即便如饿了么这类自立山头的实力平台，依然需要从其他平台获得流量。

流量之于企业，正如粮草之于行军打仗一样。流量的魔力，不仅是专业互联网运营方最关切的事，也对传统行业的生意有着非凡的吸引力。在第二次创业热潮方

O2O布局
地图
视频
打车
餐饮
团购
旅游
移动支付
阿里巴巴
高德地图
优酷土豆
快的打车
淘点点
美团网 meituan.com
聚划算 juhuasuan.com
穷游
在路上
淘宝旅行
支付宝
腾讯地图
腾讯视频
滴滴打车
大众点评
QQ团购
高朋
同程旅游 LY.com
艺龙
QQ旅游
微信支付
QQ钱包
Bai百度
百度地图
爱奇艺
PPTV
百度专车
百度外卖
百度糯米
去哪儿 Qunar.Com
去哪儿旅游
百度钱包

兴未艾的 2015 年，二手奢侈品的高单价决定其流量获取成本同样高的异乎寻常，当时在这个行业，获得一个用户的成本高达 1500 元到 2000 元，而百度关键字竞价和应用商店优化是最主要的引流渠道和方式。

高企的流量成本，让这个初来乍到的投诚者一时陷入迷思。胖虎网创始人马成曾说："用户的忠诚度很低，哪边便宜就去哪边，而且获客成本这么高，就算他来你的平台下单，获客成本也赚不回来。"用户在平台上达成交易，他收取 2% 的佣金，但按照 6000 元的平均客单价，收到的佣金远远不够支付流量成本，最后只能停止向强势平台购买流量。

在互联网大佬纷纷感觉到流量危机之后，转型策略与准备成为必然的未雨绸缪之计。O2O 开始随着 BAT 的理念宣导进入人们的概念。雄心勃勃的百度更是放出话来，将斥 200 亿巨资转向 O2O 领域，并大力宣扬：为了连接人与服务，百度的新生态布局欢迎各类服务供应方的加盟。

在纷至沓来的跟随者中，提供上门按摩服务的宜生到家就是搭上了这艘巨舰的乘客之一。百度不仅抱着基本的诚意为其制作了线下交易必需的下单页面，更以无比阔气的姿态每天免费为宜生到家提供价值 100 万的广告展示资源，并为之配套提供了一千多个与按摩相关的关键词。

中国最大的流量广告主免费提供流量，这是所有普通创业者想都不敢想的事。事实证明，在百度的大力扶持下，宜生到家明面上的业绩上算可观，每天由流量转化而来的订单可达两三千单。然而，永远没有天上掉馅饼的事情，百度如此强势站台的背后，是宜生到家的同步营销策略：必须将成本价超过 120 元的服务，以 9.9 元的超低价格出售。显然，在百度看来，这种烧钱补贴的通行法则是有着足够乐观预期的；然而一番折腾下来，宜生到家因此而每个月亏损五百万元。

细细观察，不难发现，互联网思维的提法几乎与第二次互联网大潮的异军突起在时间点上高度吻合，作为一种看起来更像是有意而为舆论造势，这个流行词的洗脑效应是很明显的，以至于大多数创业者都经历过面对流量时的挣扎心理。然而对于大多数人来讲，稍一涉足，便发现等待他们的是一个深不见底的坑。

前几年，在线教育被互联网投资界非常看好，而教育行业里流量争夺最激烈的细分领域莫过于出国留学，其百度关键词竞价的单价最高竟达到两三百元一个点击。某知名在线教育机构 CEO 更是直言不讳：“留学机构 30% 左右的流水都给了百度，相当贵。”他同时表示，在其从事流量投放的十年时间里，印象最为深刻的事情就是，百度流量的价格在 10 年之间，整整翻了 10 倍。

流量负担几乎波及所有与之有染的行业，游戏公司也在其列。甚至，游戏公司对流量有着程度更深的依赖，它们的命脉事实上掌握在发行公司的手里——“以前流量不贵的时候，随便买，现在买了要算有效用户”。

根据某游戏公司内部人士的说法，时下游戏行业在安卓平台平均获得一位重度用户的成本已经达到 50 元，iOS 平台的价格更是翻了整整一倍。在游戏的利益蛋糕瓜分结构里，百度手机助手、360 手机助手、腾讯应用宝、小米应用商店等分发渠道，将分掉一半的收入，真正能进入开发者腰包的只有少得可怜的 15% 到 20%。

作为传播模式和流量分发模式革新者的微信公众平台，近年来成为广大流量广告客户的新宠。然而微信流量广告体系方一成熟，就急不可耐地鼓动提价。微信大号的刊例价格也在逐年上涨，粉丝数 500 万以上、头条平均阅读量 10 万多的主力梯队账号，刊例的调整频次从季调变为月调，涨幅高达 30% ~ 100%。

在广告主流量费用不断增加的同时，流量平台却赚得盆满钵满。据统计，新浪扶翼、腾讯广点通、今日头条以及视频网站等各大平台的流量价格，在四年之间上涨普遍翻番。其中，广点通 2013 年单次击付费 0.5 元，2016 年则涨至 1.8 元；今日头条 2013 年单次点击付费 0.8 元，2016 年则涨到 2 元。

日益沉重的流量成本负担，最终招致民怨沸腾，尤其是中小投资者，对把持商品传播强势定价权互联网寡头，可谓是既爱又恨。人们发现，BAT 华丽的财报后面，其实隐藏着媒体流量价格的不停推高。

从互联网平台的基本商业模式来看，流量成本的推高是一种必然。在百度和阿里的营收结构里，广告收入始终贡献了大头，而腾讯除了游戏的特殊因素外，其它产品和平台的营收同样大部分来自广告。

过去 6 年时间，百度的营收获得空前迅猛的增长，从 79 亿元直升到 705 亿元，其中大部分来自流量广告。看起来，流量广告的盈利模式虽然老套且并不受人待见，却百试百灵。譬如，晚近崛起的今日头条的广告收入突破百亿关卡，仅仅用了三年时间。

“互联网营销的大年就是百度的大年。”见证了百度营收和市值逐年高升的广大广告客户的观感是一致的。账户储值返点是百度的投放规则的重要内容，然而各大主力百度流量广告客户，却亲身经历了百度账户储值返点的逐年减少。

客户在心疼不断推高的流量广告成本之余，不免因为互联网流量大户们屡创新高的广告营收而心里更加不平衡。在广告客户的评价里，流量平台俨然是吸食人血的怪兽。

人们很容易认为这在很大程度上是垄断格局造成的主观任性，却忽略了行业发展周期特征变化的市场必要性。

2014 年商业化起步的今日头条，在 2015 年就幸运地迎来了信息流媒体的红利期，其时今日头条给代理商的返点高达 25%，然而三年之后，这个比例迅速降到了 8%。

微信也经历了同样的从爆发到平稳的历程。作为一款国民应用，微信月活跃账户数已经达到 9.63 亿，过半用户使用时长超过 90 分钟。微信公众号在 2016 年之前被看成是新的流量洼地。宜生到家从 2015 年开始运营微信，第一篇文章发的便是硬广，最终获得了 7000 多阅读量。然而两年之后，微信的传播效果急转直下，最初尝到甜头宜生到家给出的前后差别是：“以前随随便便都是一万多的阅读，现在要看内容。”

在百度的竞价排名规则里，某个关键词的底价往往并不高，同样采用竞价模式的 Wi-Fi 万能钥匙，单次底价只有 0.3 元。然而，随着竞争的激烈，出价者数量的增多，这个价格呈现动态上升趋势。在百度流量的争抢者中，表现最狂热的莫过于医疗领域，百度医疗关键词竞价曾以 999 元的惊天高价封顶。

涓涓细流　终成汪洋

摄影 / 半偏

尽管大多数流量关联者都表现出深受其害的模样，但他们对于在流量广告投放上回报显著的行业表现出来的热情从未减退。一位医疗美容的业内人士曾透露，最近他们刚投入一百万的广告，最终获得了四百万的收入。

然而，即便是这些受益最深的行业，也越来越开始对线上流量广告的投放持谨慎的保留态度。一位长期致力线下流量研究和交易的专业人士认为，线上流量依然是大多数企业的投放重点，但显著的变化是，如果说之前广告主将所有钱投在线上，那么现在则把一半投在了线下。

第四节　流量寡头的资本游戏

从上世纪 90 年代末期互联网在中国走向民间，开启互联网商业史的全新篇章，人们看到了互联网给社会生活带来的巨变，也亲眼目睹了一个又一个互联网巨人的崛起和一个又一个线下品牌的倒下。互联网仿佛一只看不见的人，静水流深得改变着一切。然而，相比资本这只无处不在的无形大手，互联网看上去只是一只华丽的白手套。近 20 年排山倒海的互联网商业发展，正是在两者的暧昧中前行。

我们从中国电商帝国阿里巴巴创立至今的历次融资节点，可以非常鲜明地看到资本对于左右互联网发展的能力。

1999 年，马云登陆西雅图，首次接触互联网，而后回到杭州，创办了一家目标定位于服务全世界中小企业的电子商务站点，阿里巴巴由此诞生，最初投资者共计 80 人，投资总额 6 万美元；

2000 年，日本无线运营商软银投资 2000 万美元，不仅给阿里巴巴投入了资金，更在经营上全方位陪护阿里巴巴团队挺过持续两年的互联网寒冬；

2004 年，阿里巴巴再次获得 8200 万美元的巨额战略投资，这是当时国内互联网金额最大的一笔私募投资；

2005 年，雅虎向阿里巴巴投资 10 亿美元，获得阿里巴巴 40% 股权；

2007 年，阿里巴巴在香港联交所上市……

持续不断的资本注入，解决了阿里高速行进路上至关重要的动力因素，一步领先步步领先，逐渐顺利地成长为中国最大的网上贸易市场和世界互联网巨头。

一个又一个互联网资本的成功，形成了巨大的示范效应，使得十几年的商业大发展中，互联网始终是资本最为恩宠的红人。然而，尽管互联网的业绩数据在大多数人印象中一向是天文数字，但亏损似乎是人们对互联网平台的另一个印象。为何资本对互联网如此情有独钟呢？

秘密就在于每一个野心勃勃的互联网创业项目，看起来都没有明确边界。比如说，优步原本给你提供的服务是，你可以通过它把孩子送到学校，到指定地点约会，喝完酒以后它再送你回家；但是，如果它能再给你按照要求送些日常用品，那么它的边界就扩大了；如果你自己不再买车了，完全用优步，那就意味着优步取代了汽车制造和销售业，它的边界就更大了；如果你把优步看成一个超级全场景社会平台，每天在全世界运输上亿的人跟货物，连接一切，那么它就是世界上最大的公司。

这就像互联网的起源神话故事一样，被互联网创业者一遍又一遍地用来向投资者布道："我的边界还远远没有达到"。自然地，无穷的利润在不断地边界拓展之后，而边界拓展的过程就是烧钱的过程。这听起来足够蛊惑人心，烧钱和亏损也就成了互联网企业的吸金利器。甚至于，"不能赚钱"都成了互联网企业的融资潜规则，原因很简单，一旦你开始赚钱，你的边界和前景也就一目了然了。

互联网公司对于资本的吸引能力，让每一个投资者看到了希望。很多人以一个创意为支撑研发的互联网项目，坐等被产业链上游资本收购，从而一夜暴富。这些个案，被媒体和创投圈被媒体放大之后，给人一种屡见不鲜的直观感觉，从而让很多草根也相信了，互联网对于资本的疯狂吸引力，他们相信只要找到这样合适的支点，以少许的投入，就能获得资本的青睐。

然而，现实情况是，尽管互联网巨头越来越显现出创新能力乏力，但代表了创意新锐力量的互联网创业公司大多数都举步维艰。互联网巨头们的业务布局广泛，资金充足，用户量大，创业公司面临的局面则恰恰相反，这就意味着，如果没有大的技术变革，创业公司将很难对现在的这些互联网巨头发起挑战。

在过去的 20 年间，在寡头垄断的格局中，围绕人们各类必需层面的需求几乎被一网打尽。以大众消费为支点的互联网平台的集成，俨然就是一套完整的互联网基础设施：假如你想搜索信息，就上百度、搜狗；要购物就去阿里、京东、唯品会；玩游戏就登录腾讯、网易的网游。

而在那些尚没有出现垄断格局的领域，尽管充满了怀揣梦想的创业者，但等待他们将是平台资本的收割和兼并。2013 年，移动应用分发方兴未艾，百度以 19 亿美元的天价收购 91 助手，阿里巴巴紧随其后收购豌豆荚，而腾讯则自主开发了应用宝，至此应用分发领域也被平台巨头瓜分完毕。

今年以来，在大环境和行业因素影响下，互联网行业表现疲软。公认的事实是，从 2015 年开始，移动互联网的流量红利基本结束，目前从公开市场购买流量一个用户成本已经高达上千元甚至更高，花钱买流量的路已经走不通。另一方面，从 2016 年开始行业融资走下坡路，融不到钱，创业公司降价打折的营销补贴行为也不可持续。

从 2016 年上半年旅游创业公司的融资表现来看，互联网资本的跟进在相对热门的旅游行业并不乐观：2016 年上半年旅游投资主要停留在百万和千万人民币量级层面；2015 年成功融资的旅游创业公司，能在 2016 年获得持续投资的少之又少；能够进入 C 轮及以后的旅游创业企业融资也只有 6 起，占比仅为 7.6%。

也是在 2016 年，周末去哪玩、麦兜旅行、淘在路上、收留我、爱旅行等一批曾声噪一时的线上旅游创业公司相继宣告倒闭，巨大的营销花费和疲软的融资跟进所导致的资金链断裂是这波倒闭潮的最主要助推因素。

据统计，中国互联网未上市创业公司的前 30 名中，80% 有着 BAT 三巨头的介入因素。据不完全统计，BAT 近年一共投资了 30 家已上市公司，其所投资的未上市公司更是有数百之多。在专业化的基本自我意识下，互联网巨头选择合作方式拓展业务版图、构建防御战略和未来战略，以投资的资本逻辑建立符合自身战略定位的庞大行业生态。

从近些年互联网巨头们展开的一系列投资并购来看，收购方和出售方是各取所需，而中国互联网行业已经进入了一个由互联网寡头主导的资本游戏时代。

然而，当资本取代一个行业的本质要素居于主导作用，也就意味着行业已经迎来它阶段性的发展巅峰，接下来是衰退期还是新景象，则完全取决于技术的突破和理念的创新。

第四章

互联网主导的产业变局

伴随着社群资源的不断丰富和互联网思维的大行其道，对经典元素的解构和戏仿本身已经具备了颠覆的能量。因此，对于传统业态而言，最致命的不是产品的落伍，也不是来自激烈的竞争，而是来自思维的固化和自大。

第一节　传统行业的信息革命

在互联网成为产业变革最新浪潮的时代，很多人都在思考这样一个问题：在被视为我国发展新契机的互联网浪潮里，互联网人到底在干什么？为什么 BAT 这样的互联网企业可以引导经济发展走向、改变大众生活方式？为什么阿里巴巴可以成为世界第五大经济体？

面对大变革的时代背景，想要弄清这些“为什么”，就必须回归到商业的本质来思考。毕竟，互联网变革的最终执行者是互联网公司，而互联网公司存在的终极意义和传统企业是一样的：为用户不断创造价值。

但和传统企业不一样的是，互联网企业真正的作用并不是直接制造产品，而是传递价值。以阿里巴巴为例，每日通过阿里巴巴销售的产品数以亿计，但阿里巴巴只是将产品从制造商转移到用户手中。在这个环节中，制造商是在通过生产产品创造价值，阿里巴巴则是在传递价值。

互联网对传统行业的第一次挑战，正是传统的以传递价值为目标的行业。以纸媒为例，在过去的改革开放 20 年黄金期内，纸媒是通过广告业务制造了无数传媒大亨。报纸杂志通过制造内容产品，完成了制造价值的环节，内容产品出街后，报纸杂志以其复杂的发行渠道和累积的广大订户，又在执行传递价值的工作。从这个角度来说，传统纸媒既创造价值又传递价值。

在互联网浪潮中，首当其冲的是纸媒的传递价值属性。以今日头条为例，从 2012 年起步到现在，短短的 5 年间，几乎颠覆了人们看新闻的习惯，更是将传统媒体 PGC 的生产模式引向了 UGC 模式。人们再也不必订阅多份报纸来了解各个区域的信息，在手机上点一点就够了。当很多人不通过纸质媒体阅读新闻，就引起了纸媒衰落的开始。2017 年元旦，以《东方早报》休刊、全部新闻内容并入澎湃

新闻开始，引发了 2017 年度纸媒休刊狂潮。

与此同时，据艾瑞咨询发布的《中国信息流广告用户洞察报告》预估，以 APP 等为主的新媒体信息流广告在 2017 年底有望达到 557 亿元的规模，而这一数值到 2019 年将攀升至 1425 亿元。而这些信息流广告，都是互联网从传统媒体手里抢走的饭碗。

对传统行业的信息革命感触最深的，莫过于线下服装实体店。在互联网大潮冲击下，大量反应不及时的实体服装店纷纷倒闭，另一些没有倒闭的，也几乎都开通了各大购物平台的网店，试图将线上流量引入线下消费。但对于珠三角的服装厂而言，网络购物并不影响其快速扩张。在传统模式下，一件服装的生产和消费过程中，服装厂生产服装，是价值的创造者，实体服装店是进货方，负责销售，承担了价值传递的功能。淘宝、京东等购物平台的普及只是改变了服装厂传递价值的模式。

将一件服装从生产到消费的环节分割开来看，服装厂创造价值的功能和互联网平台传递价值的功能是有机共存的。今天的互联网，通过科技的方式，让服装从出厂到消费者手中的这个过程程变得更廉价、更方便、更智能。因此，互联网企业干的就是价值传递的事。

与传统行业原有的价值传递方式不同的是，互联网企业的价值传递过程更扁平化，更高效。这很容易让创造价值的传统企业发挥出更大的价值。而所谓的传统行业的信息革命，即是要求传统行业在信息化浪潮下尽可能以互联网的方式完成高效的价值传递过程。

一个西北的皮草手工业作坊，一年能销售多少皮草产品?

在甘肃一个名叫三甲集的地方，曾是毒品泛滥的重灾区。改革开放前，这里的居民基本上以收购和贩卖羊皮为生。改革开放后，微薄的皮草差价并不能满足当地人的生活和消费需求，许多人铤而走险，干起了非法勾当。但在近两年，当地大力扶持皮草作坊，一座 200 平方米左右的农家小院，5 个熟练工人，一年在淘宝和天猫的皮草销售额达到 300 多万元。

在传统的销售模式下，皮草产品基本上以走街串巷、赶集等零散的销售为主，一个手工作坊一年到头赚不了多少钱。但借助互联网，5 个熟练工人一年的销售额已经超过贩卖毒品的利润。与其说互联网拯救了这个小镇，不如说，这个小镇抓住了传统行业信息革命的机遇，延伸了价值传递的空间范围，让这 5 个创造价值的熟练工人发挥出了更大的价值。

传统行业热衷于信息革命，除了借助互联网能延伸价值的传递空间之外，还在于被互联网砍掉多余的价值传递环节后，传统行业所获得的利润更加丰厚。

以农产品销售为例，如果我要买一斤新疆的核桃，在新疆当地，我只需要付出 15 元就可以满足需求；如果在稍远一点的兰州、西安，可能需要 20 元；如果在北京或上海，可能需要 25 元。但在北京上海购买一斤核桃多付出的这 10 元钱，是为核桃的运输和实体店的店租、人员工资等付费的，并没有进入种核桃的农民口袋中。但现在通过大规模的快递渠道和便捷的购物平台，核桃还是卖 25 元一斤，但在流通环节所付的费用很可能会降低一半。当我在北京和上海网购一斤 25 元的核桃，新疆的农民比之前要多收入 5 元，而我也不用专门跑去干果店买核桃，坐在家里等快递送货上门即可。可见，在信息革命的浪潮中，互联网砍掉了冗余的价值传递环节，将以往的收购商、代理商、销售实体店统统砍掉，变成了顾客与创造价值者直接购买的扁平化购物模式，让创造价值者得到了更大的收益。所以互联网其实是用更高效率的手段，砍掉了很多传递价值的环节，从而进入了创造价值者的狂欢。

信息革命所创造的扁平化价值传递模式，不仅让创造价值者获得了狂欢，更改变了传统行业对消费者单向的价值传递过程。在购物平台上，“好评”“销量”“关注度”等，成为消费者衡量产品价值的重要风向标。过去的线下经济时代，广告和渠道，把一些二流的产品卖得比另外一些二流的产品更好。互联网没有办法把二流的产品变成一流的产品，但是互联网在大大缩减了广告、渠道等传递价值的环节之后，让一些真正一流的产品可以用最短的距离接触到消费者，让真正一流的产品可以拥有最多的用户，享受最大的价值。

另外，这种互动式的价值传递过程能让价值生产者在花费极少费用和极短时间的情况下，获得消费者最直接的反馈。价值传递过程对价值创造者而言，又产生出了新的价值——大数据。通过数据分析，价值生产者可以根据市场信息，改进生产工艺和销售策略，制造出更多适销对路的产品。

可见，信息革命对传统行业的冲击是方方面面的。对价值创造者而言，互联网不仅分割了价值制造和价值传递这两个环节，让价值创造者获得更大的收益，还从生态环境上深刻改变了生产、销售、消费模式；对消费者而言，互联网让生活和消费变得更加便捷，但也要求消费者提升自己的互联网素养，懂得更多的互联网使用技巧。传统行业的信息革命，要求传统行业不仅要在分割价值制造和价值传递理念上改变原有生产和销售模式，还要求传统行业研究价值传递的过程，更懂消费者。

当一个生产机械设备的企业如西北卖皮草的手工业者一样熟练使用互联网，懂得从价值传递过程中获取消费者的偏好时，传统行业的信息革命才能称之为“成功”。

第二节 毁灭 or 重生

2017 年 8 月 4 日，第 40 次《中国互联网络发展状况统计报告》发布。据中国互联网络信息中心（CNNIC）统计，截至 2017 年 6 月，中国拥有 7.51 亿网民，占全球网民总数的五分之一。与此同时，移动终端网民有 7.24 亿。在此影响下，我国互联网普及率为 54.3%，超过全球平均水平 4.6 个百分点。简而言之，138271 万人中，有超过半数人上网，且网民中有 96.4% 的人拥有移动互联网终端。

在互联互通和网络化、智能化的今天，互联网已经成为生活基础设施。在 2015 年初，随着总理在两会上对“互联网 +”概念的提出，传统行业都在用这个概念进行产业整合，摆出了各种各样的姿势迎接着互联网的改造。所以，这一年堪称“互联网 +”元年；几乎所有的行业都开始大规模地依靠互联网传递价值，互联网属性成为了变革行业的重要质素。

2014 年 9 月的夏季达沃斯论坛上，李克强总理发出“大众创业、万众创新”的号召，提出要在 960 万平方公里的土地上掀起草根创业的新浪潮。“创客”一词成为年度热词。各地方政府不仅鼓励创业，以“创客”为主题的产业园如雨后春笋一样拔地而起。

在“大众创业、万众创新”的热潮中，虽然资本寒冬论不时传出，然而从本质上讲，资本本身并没有遇到寒冬。在国内目前投资渠道依旧比较缺乏的今天，资本热钱依旧急需寻找出口。特别是新一轮严格的购房政策的逐步执行，将资本热钱和民间游资从楼市挤出，创新创业的春天才逐步真正来临。

但与前几年投资方已经从狂热盲目追逐项目，逐渐过渡到了理性投资的状态。2017 年中国企业互联网大会在乌镇召开，经过了“O2O 战场偃旗息鼓”“网约车遭遇政策门槛”“VR 遇冷”等互联网冬天后，互联网创业投资进入了理性化的春天。

在这个春天里，好的产品依旧会不差钱，任何行业也不会差钱，差钱的只会是那些无法把握风口的项目。在 2017 中国企业互联网大会上，马化腾、李彦宏、柳传志、雷军以及诺基亚董事长李思拓等上演了一出“晒干货”桥段，从这些大佬的“干货”，或许可以窥视未来互联网创业的新风口。

人工智能：劳动力的又一次解放

谷歌 AlphaGo 在乌镇击败柯洁后，人工智能再次成为互联网创业焦点。从春晚 Alpha 机器人亮相到百度磕磕绊绊的自动驾驶系统，人工智能在国内经历了一个比较崎岖的发展历程。放眼国外，谷歌在神经机器翻译和语音识别、合成技术上捷报频传，并将机器学习和人工智能划为未来十年发展重点。纵观国内，虽然百度自动驾驶系统依旧不够成熟，但人工智能在物流领域可谓是大放异彩。

2016 年 10 月，京东事业部向外界展示了智慧物流实验室，包括由机器人、人工智能算法和数据感知网络打造的全自动仓储场景。2017 年 10 月，京东首个全

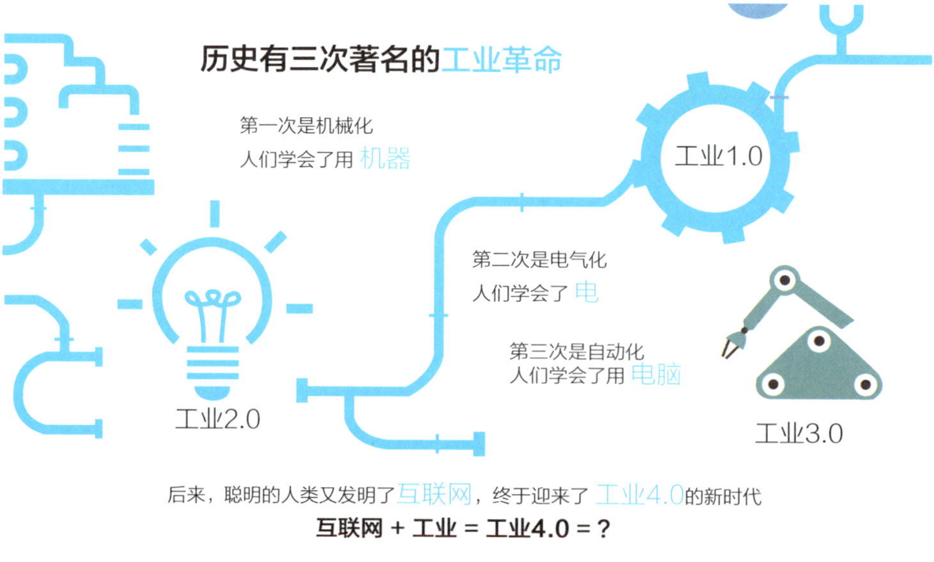

智能无人仓在上海亮相。同月，菜鸟物流也不甘示弱，在广东惠阳发布了全球领先的超级机器人旗舰仓，上百台机器人单日发货可超百万件，而像这样的智能仓库，菜鸟将在上海、天津、浙江、广东、湖北等地迅速上线。

从往年双十一快递爆仓到全球首次大规模机器人仓群作业，人工智能在工业革命后，又一次以科技的形式极大限度地解放了人类劳动力。未来十年，人工智能将继续成为互联网创业的重要风口。与人工智能配套的软硬件的研发和推广、应运技术，将成为吸引风险投资的重要砝码。

DT 时代：云计算 + 大数据的狂欢

2017 年中国企业互联网大会上，马云再次阐述了阿里“IT 向 DT 跨越”的发展思路。IT 时代是以自我控制、自我管理为主；DT 时代，它是以服务大众、激发生产力为主的技术。简而言之，阿里巴巴未来的发展道路，是对马云“让世界上没有难做的生意”这一创业理念的延伸。由“云计算 + 大数据”组成的阿里巴巴将围绕数据提供更加精细化的服务。天猫和淘宝每天沉淀的丰富数据将成为社会信用、销售方案、制造业生产策略等，成为中国商业的基础设施。

马云在互联网大会上强调:“我相信未来的 20 年，那些互联网公司如果不能和传统行业进行完美结合，那些互联网公司将不会活得很好，同样那些传统企业假设不和互联网技术、思想进行融合，我相信这些传统行业、企业也活不久。所以对我们来讲，未来 DT 时代最大的机遇也是最大的挑战就是我们把所谓互联网经济做起来，互联网经济就是把传统行业和 IT 行业进行完美结合，完美融合。”

可见，在未来的 20 年，甚至更长的时间内，掌握大数据者得天下。与 DT 相匹配的云计算系统、大数据收集和分析系统、精细化服务系统、实体经济和互联网结合的创新模式等，也将成为互联网创业的重要风口。

知识付费：垂直细分领域的崛起

俗话说，物以稀为贵。在订阅号同质化严重、原创内容乏善可陈的今天，针对垂直细分领域的“精品”内容越来越显得珍贵。2016 年，一款颠覆国人知识获取理念的 APP 上线，该 APP 通过付费语音问答的方式，帮助人们快速地找到可以给自己提供帮助的那个人，用一分钟时间为你答疑解惑。这款软件就是开启了国内知识付费新体验的“分答”。分答的兴起让知识付费迅速兴起，成为业界追逐的新风口，多家互联网平台纷纷布局知识付费领域。

2017 年国内知识付费领域逐渐分化，知识付费正从起初很火的商业财经、技能培养等热门领域向更多更丰富的细分领域扩展，内容的深度化、垂直化被视为知识付费行业发展的趋势。

知识付费是信息爆炸时代的产物，很好地解决了只属于现代人的“信息无限、时间有限”的困扰。罗振宇早在 2012 年就涉足新型知识内容创作领域，在微信公众号的风口上，创办了会员制付费的“逻辑思维”。罗振宇称：“个人力量越来越强大；

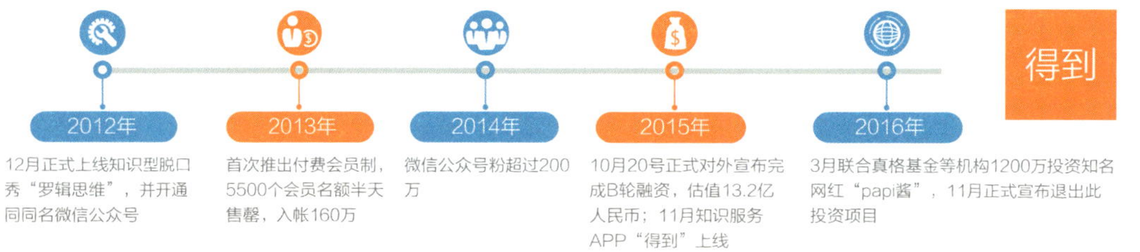

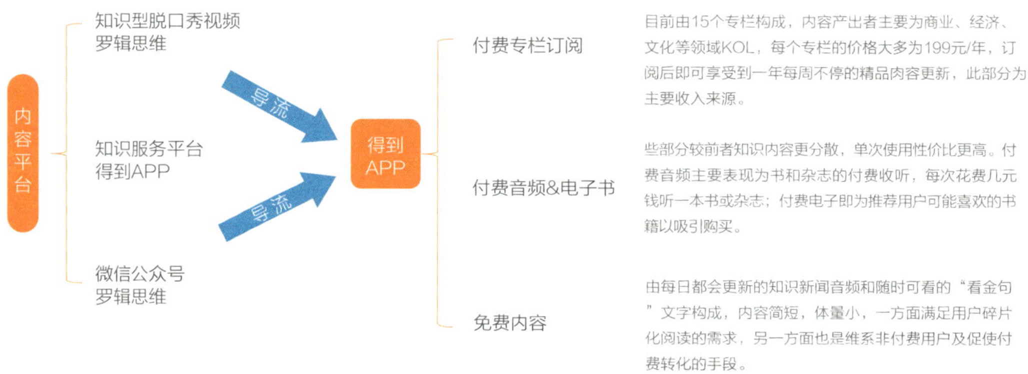

潮流时间越来越短促；社会分工越来越细化，其他都是枝节。内容创业的最大诅咒是：你消耗的是用户时间，而这是世界上真正刚性的东西。”如何在单位时间内向细分用户传播有用的知识，成为知识付费领域的首要问题。

目前，知识付费从比较宽泛的财经、IT、职场、健康等领域已经逐渐细分，从“平面化”走向“纵深化”，正在成为构建个人知识体系，深度化与专业化学习的有力助手。

内容付费技术服务商小鹅通 CEO 鲍春健表示，知识付费用户增长超过想象。经过 2016 年的市场拓展，中长尾内容创业者营收比例逐渐增多，参与知识付费的群体越来越多。据业界预测，2017 年，随着用户需求提升、市场下沉及产业链拓展，国内用户知识付费（不包括在线教育）的总体经济规模有望达到 300 亿到 500 亿元。

虽然目前国内知识付费已经初步形成浪潮，且众多知识付费平台极力向垂直细分拓展，但仍然呈现出大众化、浅层化、覆盖面广的特点。在未来的发展中，深度垂直和重度细分的内容制造将借着知识付费的浪潮，成为互联网创业重要的风口。

农村电商：互联网创业的最后一片蓝海

在2017中国企业互联网大会上，刘强东表示，自己未来的愿景是“希望有一天，能够让在座所有的城里人，每天家里如果想买豆腐，可以保证都吃到青石磨的豆腐”。刘强东借此阐释京东“互联网 +”和“一村一品”战略理念。

据中国互联网络信息中心（CNNIC）统计，截至 2017 年 6 月，我国网民中农村网民占比 26.7%，规模为 2.01 亿。农村互联网普及的滞后让农村电商成为我国互联网创业的最后一片蓝海。但农村电商因铺货区域广阔、物流覆盖分散，很难深入其中。京东希望通过“一村一品”和“京东帮”服务体系，在提升农村互联网服务质量的同时，利用“冷链 + 仓储配”一体式网络，靠品牌实现农村优质产品溢价。

在未来的农村电商领域，创造符合农村互联网使用现状的服务体系、乃至互联网软硬件普及系统、针对农副产品的品牌管理系统，也将成为互联网创业的风口。

第三节 围剿中的困兽之斗

无论人们如何看待“互联网”这三个字，它早已伴随着线上经济的蓬勃发展冲破了传统定义，成为了这个时代的基本思维模式。在以往的市场营销中，产品至上、服务至上等等，都是深入人心的基础概念；如今，我们所处的语境被碎片化、粉丝经济等概念淹没；甚至，以往高超的资本运作手段在噤若寒蝉的实体经济中已然失效，再也无法起到妙手回春的作用了。

时代的发展总是在困境中峰回路转，当我们在感叹实体经济的萎靡时，我们也看到了线上经济的爆炸式繁荣，而与之伴生的则是互联网思维的大行其道。

与其说互联网思维是商业时代转型的信号，毋宁说它是企业营销策略转变的风向标。我们已经看到了传统垄断媒介的式微，我们也看到了传统品牌的意义稀释和影响力衰退。

守业更比创业难，主动变革需要比创业本身更多的勇气和魄力。在互联网作用下的商业淘汰浪潮中，传统企业的转型和营销策略的转变已经成为了题中之义。

事实上，互联网思维的成功营销案例早在十年前就已经大行其道。2005年，“超女”成功的商业逻辑正在于其迎合了民众的参与意识；而在任何时代，大众对于公平和自由精神的追求始终是时代的基本语境之一。直到今天，无论是讲究用户对产品参与感和强烈认同感的小米粉丝文化，还是追求原创精神和猎奇精神的极客消费主义，其背后都与互联网思维的营销策略不谋而合。

伴随着以功能性为主的产品逐步走下神坛，价值契合和精神引领成为了各类产品的主要宣传噱头。如今，作为主流消费群体的80、90后面对着广泛的媒介选择，他们不再被口号式的鼓动和广告式的推广所引诱，而是致力于自我精神的建构和认可。如法国后现代主义哲学家让·鲍德里亚所言，“随着消费社会的出现，消费已经取代了生产的地位，成为支配着整个社会结构的‘存在之光’；在消费社会中，我们消费的并不是物的有用性，而是通过消费显示自己的社会地位与身份，因而被赋予符号学意义。”

这对于商业营销策略的启发在于：与其做强势宣传，不如讲故事；与其引导消费，不如迎合消费。

任何成功的营销策略，都是在特定的时代语境中戳中了某一类精神诉求。而面对当下的互联网语境，了解某一类精神诉求，必然意味着要对客户环境进行分析。

凯文·凯利曾直言：“颠覆来源于非主流。革命性并非出现在成熟的理念和技术架构中，而是来源于某一个微不足道的新鲜想法之中。”

事实上，伴随着社群资源的不断丰富和互联网思维的大行其道，对经典元素的解构和戏仿本身已经具备了颠覆的能量。因此，对于传统业态而言，最致命的不是产品的落伍，也不是来自激烈的竞争，而是来自思维的固化和自大。一个直接的问题就是，传统的“劳动分工原理”和“制度化管理理论”等管理思想是否匹配当下的市场竞争。我们往往津津乐道于腾讯的项目组竞争机制和阿里的小而精理念，但我们忽视了“去中心化”的本质是什么。

知识精英们曾无数次表达过对认知扁平化和信息碎片化的担忧，但事实证明，在当下的互联网商业语境中，以去层级结构为主要目的的扁平化组织才是最具生命力的企业管理机制；而信息的碎片化较之系统化信息而言反而更能够抓住消费者的眼球。在精英和大众之间，永远存在着一条无法弥补的鸿沟，但商业是现实的，尽管它受到话语精英的引导，但从根本上而言它取决于大众的选择。

就互联网语境中的商业组织而言，产品部门将成为核心，围绕着产品，行政、财务等部门将逐步成为支持平台，使得组织结构不断地进行纵向压缩和横向集成。在此基础上，传统商业组织急需在团队文化和信息系统方面进行重建。

就传统的零售业而言，互联网的介入会促成价格同步机前下的线下与线上结合;体验性产品将逐步取代原属于功能性产品的位置；而亚马逊一贯所践行的大数据应用和整合推送法将大行其道。对传统的物流业而言，电子商务的持续繁荣将对物流的完备性和承载力提出更高的要求，由互联网建立的问责机制也会为物流业建立淘汰机制。

至于金融业，权力市场的经济现状将被互联网逐步打破，传统的权力寻租也将逐步被清除。无论资本承受着何种伦理的质疑，其本质在于服务于人类群体，更直观地说，资本是人类为未来发展所做的储备。马云很早以前就说:“如果银行不改变，我们就改变银行。”金融业的变革已经是大势所趋，在互联网的介入下，既往的隐蔽信息都将得到透明化。可以预见，未来的金融将会全面互联网化，并以大数据为依托，在透明信息的前提下建立新的信用。

值得一提的是，互联网还将对传统的垄断行业形成难以想象的冲击。伴随着人们求知欲与信息不对称之间的不断博弈，信息会越来越透明。受迫于来自互联网的压力，垄断行业将不得不一再让出在信息不透明状态中敛取的权利，直至它们回归市场。

摄影 / 罗鹿鸣

第四节　信息驱动的生态之变

随着互联网对产业的影响升级，“生态”已然成为商界的流行词汇。在商业语境中，企业可以生态化，产业也可以生态，甚至，整个国民经济系统也可以被视作是一个巨大的生态系统。这并非传统意义上的生态理论与互联网产业的媾和，而是产业变革和互联网交汇后的题中之义。在“要么生态，要么融入生态”成为行业竞争显规则的宏观话语背景之中，只有价值生态化的行业或企业才能脱颖而出。

生态 (Eco-) 一词源出于古希腊文，原意是指家 (house) 或者我们借以生存的环境；这内在地传达了生态一词的关系属性。商业语境中的“生态”实际上也是在强调某种商业性的关联。罗斯查尔德曾指出：“资本主义经济最好被看作一个真实的生态系统”，这应该是经济系统最早被打上“生态性”的表现。而在由美国战略学者詹姆斯·穆尔于1993年发表于《哈佛商业评论》的“捕食者与被捕食者：竞争的新生态学”一文中，他指出：“商业生态系统是以组织和个人的相互作用为基础的经济联合体。”

互联网经济的快速发展总是呈现出强大的吸纳能力，这首先地体现在其对时代新鲜理论的消化上。

2004年，哈佛商学院的马尔科·扬西蒂教授和罗伊·莱维恩教授出版《共赢：商业生态系统对企业战略、创新和可持续性的影响》一书，如果说该书是从准自然生态系统的角度，深入阐释了在信息经济时代全球顶尖大公司通过构建商业生态系统所赢得的平台级竞争优势的话，那么今日我们在互联网生态论中所观察到的，则是一种良性的、致力于价值链构建的商业建构理念。

伴随着互联网产业的急剧发展和互联网思维的迅速生发，传统行业内部已然发生着波澜壮阔的变革。

互联网时代的一大特征在于信息的无限开放，我们已经从工业时代进入到信息化时代。这种转变尽管可被看做是社会进步、发展的表现，但更多的则意味着变革——一个显而易见的现象便是许多职业的消失和许多传统企业的倒闭。而对于个体而言，我们正处在一个无固定化职业的社会。

由于信息化时代的到来，社会从个体意识到组织结构已经发生了根本的变化；与之伴生的则是贫富差距的进一步拉大。在信息为经济发展不断换挡的时代里，无论个人还是企业的发展，都取决于其对信息的掌控。另外，信息的扩张也意味着竞争的白热化，传统的依靠信息壁垒而发展的产业格局将不得不面临重新洗牌。当然，随着互联网商业平台的迭代发展，个人创业已经成为一种时尚。

无论信息的泛滥对个体意识和社会精神造成了何种震荡，其在互联网经济中所呈现的无非是“互联网马太效应”和“资产数字化”。一个网络中的人越多，该网络就越具有价值。阿里、腾讯等等，无一不是对互联网马太效应的呈现，平台垄断和红利垄断不断塑造着互联网商业巨头们的面容。另一方面，资产的数字化不仅意味着边际成本的趋零化，也降低了范围经济的扩展成本。在可以预见的未来，各价值链条的数据化驱动将不断强化范围经济。

基于此，互联网经济时代的产业变革逻辑很大程度上将与未来的产业格局与分工协作相关。

我们已经经历了媒体、广告等行业的信息流重构，我们也经历了以“O2O 革命”为口号的短供应链重构，而在长供应链条的重构过程中，万物互联的思维正在对传统制造业展开新一轮的冲击和塑造。

毫无疑问，未来的生产端将向营销端无限渗透，而整个行业或是企业的价值链将无限地趋近于一个网状生态圈；而居于这个价值生态圈核心的，无疑就是用户。是否能在生产、设计、研发、营销之间形成高效联动，决定了该行业或企业是否能在互联网时代的产业变局中成功破冰前进。

未来的产业结构不再是纯制造，而是类制造；行业边界的划分也将让位于场景区隔。横向的社群化场景和纵向的功能化平台将构建出新的协作模式——平台 + 匠人。

信息的扩张促进了产业新生态的变革。无论是共享供应链能力、以横向并购为模式的规模经济，还是共享用户资源、以跨界并购为模式的范围经济，抑或是立足于上下游产业链整合、以一体化并购为模式的垂直整合，都将不可避免地打上生态价值的烙印。

第五章

大众流量的歧路亡羊

群体自由的结果，却往往有着不可预知性，这早已为互联网到来之前的历史所证明。因为对于自由的追逐，文艺复兴奠定了欧洲近现代的文明基石；而同样是自由的人们，举起表决的手，将伟大的哲学家苏格拉底送上断头台。

第一节 习以为常的潜规则

任何时代都有掘金的机会以及发展的若干机遇。从实体行业（电视屏），到互联网 PC 时代（电脑屏），移动互联网时代（手机屏），每个阶段对应的主流商业模式都不一样，变现的途径也不一样。它们三者对应的分别是凭借差价赚取利润、积累流量依靠游戏彩铃变现、积累用户通过电商变现。但是，当中乱象丛生，亦是有目共睹。

尤其在这个言必称大数据的时代，很多公司似乎染上了“故意夸大数据”这种瘾。这就和打仗之前号称自己坐拥多少多少万大军一个道理，既可以提高公司品牌形象吸引顾客，又可以获得顾客选购的心理筹码，在实际中貌似对自己有利无害。但是，一旦夸大得过于离谱的话就会让人看出问题，这个时候公司的形象和竞争力便会严重受损。

比如某企业对外宣称 50 万粉丝，可实际情况是，微博上来看平均阅读量不过 5 万多点。这就会引人疑问了：所以，这 50 万粉丝的虚假广告是怎么来的？投资大佬们说卖到 30 万台就可以做票房分发了，可拥有 50 万粉丝的企业咋还不分发呢？即便其中部分粉丝还算不上是购买者，那微博微信加起来总数应该也有好几万？可该企业一直都是按兵不动，这自然会引人遐想了。真相只有一个，那就是：数据造假！要知道，对外宣称是一回事，可关起门来看后台又是另外一回事了。

其实，粉丝数据夸大、造假在行业内早已是公开的秘密了。刷单、做数据……各种配套服务层出不穷。一单多少钱，一个粉丝有多少获利成本，这些都是整日和数据打交道的人见面爱谈论的话题。

数据早已被潜规则，明码标价，愿者上钩。

要想穿过大数据的迷雾，看清数据孰真孰假，这就需要一点火眼金睛。以微信公众号的数据为例，比如微信官方推文阅读量平均 2000+，做过微信都懂，那么它的实际粉丝可能差不多 2 万出头。察看公号是否有刷单行为，还有一个小妙招：同一篇微信文，要看它刚发头十分钟内的阅读量和 24 小时后的阅读量，两者进行对比，如果刚开始很低，后来猛地很高，那就说明刷单八九不离十了，因为一般正常的阅读量会呈一个循序渐进式的攀升趋势。

这些都还只是乱象一种。要注意的是，当那些企业家们都在为数据疯狂的时候，他们究竟是在追逐什么？

答案是数据背后庞大又威力惊人的粉丝经济。历史一再向世人证明了粉丝经济无与伦比的吸金魔力，并且早早地露出端倪。早在 2015 年，腾讯新闻发布的一则“吴亦凡入伍”的 H5 的浏览量就高达 650 万，肯定有一批先知先觉的人从这个惊人的数字里嗅到了无限商机。后来，事情果然发生了，小米靠着自己庞大而忠实的粉丝群赚得盆满钵满，成为竞争惨烈的手机圈里的一匹黑马；罗辑思维的罗振宇也一时间成为人人艳羡和争先恐后分析的现象级案例。6 个小时完成了 5500 个名额的购买，现金 160 万到账，这还只是罗辑思维众多漂亮数据中的一组，不过已足以让人感受到粉丝经济蕴藏的无限潜能。

粉丝经济的重点在于经济，只有转换成真金白银，才能真刀实枪地上场。

很多人热衷于探讨粉丝经济的本质，其实这并不是什么新鲜事。如今粉丝们对品牌对明星非常狂热，对很多人来说，他们所消费的品牌或是爱的明星已经变成个人信仰的一部分，侮辱了它们就跟侮辱了自己的人格一样。在以前，这份狂热和信仰多半出现在对国家和宗教之中。基督教、佛教无不拥有巨量的信众和子民，希特勒不也是在短时间内聚集起他的纳粹王国？真要比较，谁能和上帝比粉丝基数？

当然不能进行如此粗暴的对比，但参照宗教来思考粉丝经济确实非常具有参考价值和启发意义。重点在于，在商业世界里，量大不一定就能称王，但没有量就死路一条。

首先这个量要是真的，而不是自欺欺人的数据。想想看，高呼自己的平台有几十万粉丝，然后拿着一堆来路不明的数据去忽悠投资人，肯定是会折兵而返的。投资人不是慈善家，见惯了空手套白狼的主，数据孰真孰假心里跟明镜似的。你可能不知道的是，创投圈公开的潜规则：夸大融资金额、对外公布的用户数、订单数、市场份额等数据都是充满水分的。也别妄想用所谓的第三方数据来证明自身清白，因为投资人懂得，只要你明白其中的运作逻辑，随随便便弄个行业第一也不是什么难事。

其次，粉丝必须是真的，这里边存在一个筛选机制，忠诚度不高没有购买力的那群粉丝属于无效粉丝，而真正创造粉丝经济的正是那群心甘情愿掏出钱包来买单的有效粉丝。所以，当探索粉丝经济到更深一层时，你会发现最具有商业价值的是有效粉丝这个核心群体。那么问题来了，如何最大限度地扩大有效粉丝群？

显然，粉丝经济已经无法令人满足，社群经济的呼声日渐高涨。

一群有着共同属性或共同兴趣爱好的人聚合在一个平台载体，在平台内进行沟通交流，这就是一个社群。小到一个几百人的微信群，大到千万粉丝的微信大号或APP 社区，无数不同量级的社群散布在网络上。和单纯的粉丝不同，社群更强调的

2016年明星社群与垂直社群差异化分析

是人与人之间的联结，不是一盘散沙，而是一个有联结有行动力的“组织”。

粉丝和消费者的区别是什么？粉丝是一种情感纽带的维系，当粉丝结为社群，粉丝行为就已经超越消费行为本身。因此，品牌要么将粉丝变成消费者，要么就要把消费者变成粉丝。很多人都羡慕罗永浩的锤子手机极低的获客成本，每年只要罗永浩出来说场单口相声，手机销量就能飘红。其实就在于它拥有锤粉这个强大的社群，强烈的价值认同和高效互动促使这个社群爆发巨大的经济效益。一直以来，罗永浩团队持续在挖掘粉丝的关联需求和价值。

这喻示了社群时代的新商业规则——用社群去定义用户，经营社群去挖掘基于核心产品的延伸需求。它与之前的工业时代的思考路径大相径庭，后者是传统的产品为王，即先定义产品，再寻找消费群，然后再经营用户。

那么，社群经济的精髓究竟在哪儿?

好的社群是有社群效应的。确保社群正常高效运转的关键在于——价值的互换!平台载体为社群用户提供规则以及工具，确保价值的流通，甚至达到社会化协作。

回想下你熟悉的社群，哪个优质社群不是这样的呢?优质社群一定能是与用户产生连接、互动、共鸣的，用户之间也能产生沟通、彼此影响，这个社群才是活态的，能源源不断地产生内容和能量。

粉丝经济、社群经济都是依托于粉丝群体来创造营收，仅仅靠写个段子卖个萌，找大号发营销广告，甚至无下限炒作，也许现在表面风光，最终必定是自取灭亡。粉丝营销的关键在于一定要用价值去联结，要看到，粉丝不仅仅是冷冰冰的数据，而是一个个具体的人。

事实上，整个行业几乎被互联网大潮席卷，导致对数据的狂热甚嚣尘上。关于大数据的迷思无处不在，创投圈尤其这样。创投圈是互联网创业圈的核心活跃圈层，了解其中情况有望一叶知秋。

创投圈里，天使、A 轮、B 轮、C 轮的速度有时候会很快，A 轮到 B 轮可能不到一年。同样的时间进程却存在质的差异，在企业发展的快车道上，这将取决于企业领头羊究竟以何种姿态面对。不同的创业阶段对人才有不同的要求，团队是否能迅速突破自我去适应企业的快速发展轨迹，这就取决于 CEO 是否能意识到一切问题都在于人，并以最快速度做出反应，带着团队一起作出调整，不断完善自身的制度来维持公司的高效运转。

然而，创投圈非常浮躁，往往本末倒置。为了博眼球扩大曝光，为了冲业绩，为了融到更多的钱，很多商家无所不用其极。有些商家为了营销，竟然让 CEO 亲自给用户送货上门，然后大量铺稿宣传自己，企图借此来与粉丝经济拉近距离。

这还只是比较曲折的做法。众所周知，创投圈是最重视数据的，不过即便是创投圈公认使用的某些数据也是要存疑的。据第三方数据观察行业资深人士透露，艾瑞和易观其实都不适合做微投行业的数据统计和市场规模分析，因为艾瑞和易观的数据来源是以互联网端的数据为主，比如用户常使用的 APP 里的数据等。这些数据是一手的，直接提取出来建模分析发布即可。可微投行业涉及出货量的数据，只能是二手数据，也就是必须通过访谈获取的数据。这种访谈数据的暗箱操作可能性就很大了，因为访谈的私密性较强，而且提供数据的相关人士也是不能对外公开的，最后呈现的结果是否真实准确就不得而知了。

可笑的是，一个所谓的客观权威而又在微投行业做前瞻性或者战略层面的分析的第三方机构，其供应的数据却存在极大的可操作性和人为干预性，并且最终企业更是用这所谓的第三方数据做足宣传、疯狂造势。

这，就是中国目前遍布的商业乱象：诚信缺失、数据造假、夸大宣传、急于圈钱……这背后，是经济过快发展所催生的膨胀的人性欲望。

第二节　流量黑幕及其绑架效应

无论是在互联网业内，还是在普通网民的视野中，流量造假都已经是一个不宣而明的秘密。今天，当人们打开任何一家视频网站，搜索播放任何一部热剧时，或

摄影／半偏

许会留意到屏幕下方公示的播放量。但是，对于这个数据，大多数人存着一种狐疑的态度。当所有人都不敢轻易相信时，明面上的访问数据似乎正在失去它们本来的意义。

但流量作弊的游戏仍在继续，根本原因在于，流量作为变现的基础而构成了平台竞争优势的核心要素。一些网站在准备寻找广告主赞助之前，通常都要通过刷流量的方式来提升自己网站的排名。另外，网站的数据直接影响到投资者对平台商业价值的评估和投资意愿。

在网上，只要搜索“流量买卖”、“刷流量”这些关键词，就会弹出一大堆提供流量作弊服务的商家信息；而且这些“专业”的流量作弊服务商，通常都明码标价。在一家以提供 IP 出售为主要运营内容的流量联盟所出示的价目表中，最低标准为每天 200 个 IP，价格仅 1.19 元；最多的为每天 50 万个 IP，价格 2931.5 元，平均每个流量大约 0.005 分钱。

这些虚假流量的投放有着常规的操作流程和标准，比如一般来说服务方不会一次性将客户所需的流量刷满，而是将其分配在一定的时间段内有序释放。这样操作的目的无非是掩人耳目，让数据的变化看起来尽可能合乎常理一些。

由刷流量服务而衍生的，还有 Alexa 的排名服务。不少服务商公然对外声称，Alexa 的指定排名位置可以量身定做。Alexa 的指定排名，其本质的实现过程仍旧是刷流量。

比起这些通过简单技术甚至人工方式提供刷流量服务的方式，还有一些手段就显得“高级黑”，它通过黑客技术侵入普通用户的电脑，并在用户不知情的情况下访问网站。本质上，其所采用的是虚拟机器人的技术手段，甚至有的也使用恶意插件、木马、病毒等，让对方不得不访问，有的则利用不同计算机之间的 IP 互访等功能。

没有网站的运营者会无缘无故地刷流量。虽然大家都知道刷流量是不合理的，但在竞争的环境下，为了生存，每个人都被这样的潜规则绑架了，没有丝毫的选择余地。

2007 年，Alexa 公司全球排名算法的调整，在中国互联网界引起轩然大波。在这次调整中，中国网站的排名整体性下滑；排名前 1000 名的中国网站中，有三分之一被完全清空或大幅降低排名，其中几乎清一色是 2007 年的新兴热门网站。在 Alexa 公司同时进行的网友调查中，对于“你认为网站流量作弊现象是否严重”的问题，81% 的网友表示“非常严重，很多新兴网站都在作弊”。

实际上，刷流量并非出现在竞争开始白热化的互联网晚近阶段，它在互联网创业大潮兴起之时就已经同步出现。在早期桌面互联网时代，访问量、流量排名是获得投资人评估认可的主要影响因素，从那时起就出现了专业的刷流量和排名的公司，帮助互联网创业公司获得融资。

在移动互联网的时代，随着互联网技术和产业的迭代升级，流量造假的商业链也在同步发生着变化。从电脑桌面到手机 APP，刷流量的指标参数也发生着同质化迁移；排行榜、流量、周活跃量等等，不一而足。就连刷的方式也都如出一辙，大多是在预装、激活和活跃量上大做文章。

现在，如果你在手机里看到一些莫名其妙的东西弹出来，不要意外，这就是预装时留下的后门。必要的时候，这些后门可以在瞬间操纵几千万台智能手机完成特定任务。

虽然在人人刷流量的大环境下，刷流量已经不足以构成对公平环境的绝对威胁，充其量只是让场面看起来更加热闹。但作为一种不正常的尤其是原生性的存在，这背后所折射的商业伦理和社会整体价值观都不得不令人唏嘘。

面对媒体的一再追问，似乎没有人能够回答如何规范流量数据造假的问题。尤其是其本身的难以取证，决定其很难有效进入司法程序解决问题，甚至连起诉渠道也不具备。

作为一种耗费无谓社会资源、增加互联网经营整体负担和不公平因素的非正常现象，流量造假是互联网生态的阶段性产物，必将会随着生态的改变而逐渐好转和消除。

个人流量

——开启后互联网时代流量变现新通路

第三节　被流量放大的恶与正义

从诞生的那天起，互联网就以其传输无国界、交互零时差、发布零门槛等一系列革命性的特征，被打上人文的印记。人们憧憬着一个更加自由和开放的时代的到来。

然而，随着互联网技术的发展和互联网传播机制引发的伦理争论，人们发现，比起自由的状态，自由所产生的结果或许是更重要的事。毕竟，互联网所给予的自由，本质上并没有提高人们自由的程度，而是使得人们实践自由权利的条件更加便利。

而群体自由的结果，却往往有着不可预知性，这早已为互联网到来之前的历史所证明。因为对于自由的追逐，文艺复兴奠定了欧洲近现代的文明基石；而同样是自由的人们，举起表决的手，将伟大的哲学家苏格拉底送上断头台。

也许，每个人在回想互联网的记忆时，总会有这样的印象：如果不是循循善诱的政治教化介入，借由互联网传播的正能量善举少之又少；而几乎每隔几天，总会从网上和周边关系里，听到从社交媒体爆出的媒体事件。

互联网在传播学意义上讲，从本质上有着打破社会信息不对称的作用。然而，经验告诉我们，社交媒体人肉传播而来的公共事件，千万不要轻易相信。

2016 年末的罗尔事件，一开始，当事人凭着一封父亲的父爱告白信，让数以百万计的人心奇迹般地同频共振。但人们的恻隐之心似乎总是容易松懈防备，以至于不假思索、先入为主地就判定罗尔所言的一切都无虚假。然而剧情的反转，让真相彻头彻尾换了一个版本，点燃了人们心中正义的怒火。这一次，人心不善的隐形暴力冲动，如大爱般同频共振。

真相永远不可能存在舆论里，那些千古流传的奇闻趣事无数次证明了这一点。在互联网信息的海洋里，真相更加难寻。这不仅是一个信息传播的技术问题，还是一个信任稀缺的问题。

显然，因为拥有网络发布的自由，罗尔成功经受了赞美与毁灭的双重遭遇，诚可谓“成也萧何败萧何”。无论罗尔说什么，它都可以零时差地被百万人所获悉，然而信任这堵隐藏在人心里的墙却无法用传输技术的发达来洞穿。

在种种真相缺位的舆论时间里，我们可以看到互联网传播与线下传播能量级差异带来的可怕负面效果。

在大多数出现剧情反转的事件中，事实真相在事件的发生地是比较确定，但少数人的真相告知显然追不上全民臆测的步伐。水落石出不是一个难以解决的问题，真相往往能够凭借官方的权威调查和大众媒体的传播力，抵达每一个网民。

看起来，在迟来的完美结局里，互联网确实打破了信息不对称。但问题是，在真相到来以前，伤害往往已经发生，群体的人性之不善已经被曝光无疑。在这样的典型的互联网传播模型里，“打破信息不对称”这一说法本身已经蕴含了“信息不对称”的内涵。也就是说互联网无法避免信息不对称的出现，也无法避免不对称被打破之前的种种社会问题的出现。更糟糕的是，这种不对称及其导致的伦理鞭笞和话语暴力，反而被互联网所放大，也就是说，互联网在客观上无可避免地造成了更大的破坏性。

相较于真相信息对称与否的问题，充斥其间的伦理标准违背和争议，是更重要的问题。这个问题不但存在于信息发布之后的传播舆论场，也存在于信息发布的环节。

2009 年，伊朗前总统内贾德当选，竞争对手穆萨维的支持者走上街头，引发号称“绿色革命”的反对游行，骚乱中，示威者运用 Twitter、Facebook、YouTube 等向世界传递示威信息。6 月 20 日，一个 26 岁的年轻女孩在示威中被枪击，七窍流血的视频被放到了内容筛选小组的电脑屏幕前。在 You Tube 的工作手册上，枪击流血的视频是删除的同义词，恐怖与暴力的画面给孩子可能带来的伤害与阴影可想而知，不过几分钟后，在点击率、新闻价值、言论自由、政治倾向的多重夹击下，视频被公开。

Twitte 在今年二月公布数据中提到，从去年年中起，他们已经关闭 ISIS 及其支持者的账号，超过 12.5 万个。与 ISIS 有关的账号在 Twitter 上产生的流量减少 45%。与此同时，法国爆炸案遇难者的女儿控告 Twitter、Facebook 等大型社交平台为极端组织提供帮助。

YouTube 被开发的动机，仅仅是来自三个 20 多岁的年轻人无法在网上分享影片的苦闷。然而他们往往没有想到，这个平台会成为世界最大的视频网站，坐拥全球 10 亿用户。因为自由的价值观，这个平台除了是友善的分享，还是政治家的宣讲台、独裁者的新基地和反社会人格的垃圾场。

Facebook 上曾传出一段发生在印度的事件视频：学校之外，两个印度学生被一群人围殴。印度的网站工作人员并未对视频作任何标注，因为在他们看来，这两个学生已经是成年人了，这没什么。然而到视频进入硅谷工作人员的视野时，却最终被删除。

Facebook 的工作手册规定，“赤裸的儿童”、“女性乳房”、“裸露的臀线”等都应被打上“性与赤裸”的标记，然而印度群殴事件视频的前后差别化处理，让我们看到同一幕信息场景所关涉的伦理标准，在每个人心中、每个国家的人们的心中，并不是一本几万字的手册所能辨析的。

想象一下，一则可能引发全世界伦理争议的影像的删除或通过，完全掌握在 Twitte 办公室某台电脑前的一个年轻女孩的手里。在某种程度上，她俨然掌握着国际社会情绪的开关和全球社会治理的权力，拥有着比总统还大的权力。

那么，互联网改变了人类的命运，又有谁来掌握互联网的命运呢?

第六章

悄然演变的流量世界

流量之于互联网，就好比个人之于社会，它是对一个抽象对象的基本构成单元的基本描述。二者之间在内涵层面和形象隐喻层面都相互呼应，互联网的本质就是信息的储存和传播，而流量恰好形象地描述了这种量化、规模化和流动性，从而让我们得以形象地从思维和操作层面进入互联网的世界。

第一节 生意的逻辑

如今，当我们说到“流量”，它所具有的“互联网”标签是不言而喻的，但它的另一个标签却并不那么显而易见，那就是——“商业”。

从最通俗最直接的角度来理解流量，它意味着有一个互联网产品（平台）的存在，登陆产品的用户（访问者）数就叫“流量”。首先，产品本身就是一种商业性的描述；其次，在我们日常的互联网生活中，我们所登陆的这些互联网产品，通常背后都有一家雄心勃勃的互联网公司。

流量之于互联网，就好比个人之于社会，它是对一个抽象对象的基本构成单元的基本描述。二者之间在内涵层面和形象隐喻层面都相互呼应，互联网的本质就是信息的储存和传播，而流量恰好形象地描述了这种量化、规模化和流动性，从而让我们得以形象地从思维和操作层面进入互联网的世界。

反而言之，因为互联网的先天商业属性，所以“流量”一词便天然带有“商业”标签。无论如何，一个基本的命题是：互联网这一人类现代社会最具标志性的事物生来便带有商业基因。

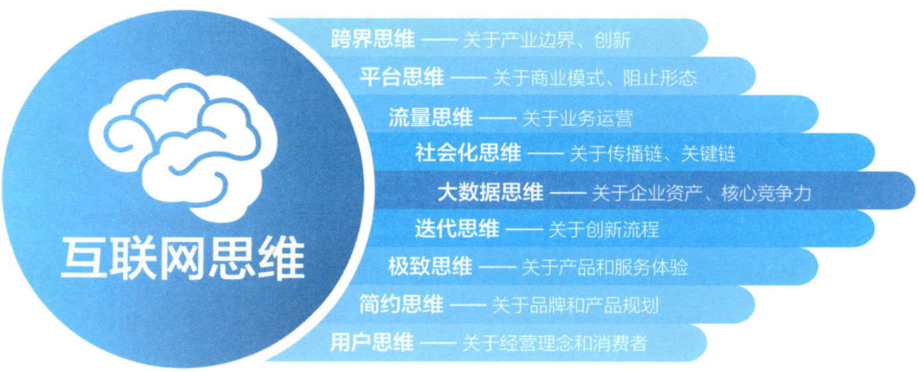

当然，这并非说所有互联网产品都有着商业的属性，比如国家政府机关以及公益机构的官方网站，某些纯学术机构的数据库等。但这丝毫不影响互联网商业属性的基本判断，因为现代社会本质上就是一个商业社会，而互联网正如人们通常所理解的那样，创造了一个虚拟的世界，与现实社会并行不悖。或者，我们甚至可以说，管理社会的政府以及作为一种中间补充机制的公益结构，也是商业社会的一部分。

颇为耐人寻味的是，当互联网肇始于欧美之后，便迅速发轫于军事领域的技术突破，并在一段时间内以知识获取的方式向政府、科研机构乃至民间知识团体延伸，而其向商业领域渗透又经历了不短的过程。

但在中国，由于技术上的后发优势，当互联网在真正意义上完整地进入国内后，短短数年时间，人们便得以在街头的网吧接触到这一高科技。而后，最早的一批互联网大佬们更是以惊人的速度构建了符合商业社会基本轮廓的互联网商业版图，并各自割据一方。

以四大门户为代表的内容产品，以 QQ 为代表的社交产品，以淘宝为代表的电子商务产品，以百度为代表的搜索引擎产品，基本上覆盖了人们现实生活中的大致需求。“虚拟世界”一词进入每个人的概念库，同时也意味着人们对互联网所构建的虚拟世界与现实社会的平行契合程度有着高度的共识。

直至 2010 前后，中国商业社会的互联网化程度已然大大超过美国，而今微信所创造的新型多媒体社交场景，线上支付对于现金支付的高度替代，各类共享理念下的 O2O 产品，无论在理念还是技术上，都让欧美社会感到耳目一新。

这种超前的发展速度得益于改革开放国策的深远影响。而今，很多人提到改革开放，第一印象只是一个时间点；实际上，改革开放不仅作为国家理念体系化地落实到了各个方面的政策制定和实施上，更以一种社会精神的形式烙印于每个中国人的心里。

具体表现出来，便是创业精神。六七十年代出生的人对这一点最为感同身受。从八十年代中期到九十年代中后期，十数年的时间，正是这批人最为年富力强并拥有社会资源的时候，各个领域都诞生了一批创业传奇人物。他们中有小学文化的农民草根，也有留学欧美的知识精英，千差万别的知识背景使得这一成功人士群像充满了英雄不问出处的时代魅力。

而到了九十年代中后期，计划经济解体所腾挪出的市场空间已经基本被瓜分殆尽，但创业传奇的创业精神的感召仍在持续，每个人的心里都有一个不甘平凡的创富梦。互联网的涌入，让人们看到了新的机遇。

这种改革开放精神一直持续到今天，近些年各级政府大力宣扬创业富民导向，实际上正是对这一三十年来基本社会教育的重申和强化。这在国家层面，旨在发展经济，增加社会整体财富；在社会层面，旨在构建一个使社会需求有全面充分保障的商业社会。

今天，我们每个人都处在一个前所未有的商业社会中，但很多人对“商业社会”这个概念并没有太多察觉，正所谓“不识庐山真面目，只缘身在此山中”，就好像社会的面貌理所当然是这样的。

但是，试想一下，在新中国成立以前，中国的大多数人都真真切切地生活在土地上，在土豪没被打倒之前，每个农民都从地主那里租来田地，自给自足。日用的食粮、身穿的衣裳以及夜里点的油灯，无一不来自土地。我们把这样的社会叫做“农耕社会”，正是在这样一个社会中，小农经济两千年不曾有本质上的改变。

彼时，政府治国的基本理念，也并非是“以经济建设为中心”，而是兴修水利、劝课农桑。虽然工商业同样存在，比如村里的铁匠、木匠，城里的布坊、酒楼和客栈，但都是作为对农耕的配套补充。

而近三四十年以来，中国社会发生了翻天覆地的变化，这种变化不止是表面上的平地起高楼，更表现在每个人的生存状态和精神生活的变化中。岁月荏苒，曾经年轻的农民，已然变成了空巢老人，数十年如一日地耕作着广大农村的土地，而他们的子孙，则以建筑工地上的农民工和沿海工厂的新生代农民工的身份，作为劳动力这一市场要素，被配置到商业社会中。幸运的少数人，拥有高级学历，成了乡里人所羡慕的“坐办公室”的都市白领，为公司的商业利润服务。

在这样一个社会，虽然往日乡间乡土联盟互助的社会传统还在，但本质上每个人都经历着从农民到生意人的深刻转变，比人情世故更多的是利益的计较和交换。

尤其是，随着城镇化的快速推进，越来越多的农民不仅是从理念上完成了这种商业社会自身定位理念的嬗变，更从生存状态上发生着角色转变。越来越多的从土地出走的人，做起了小生意。浙江的温州帮、福建的莆田系，都是这个商业时代农民转型的最好例子。

在这样一种普遍的社会理念和生存状态下，人人需要思考的问题是，做生意的基本逻辑是什么？

这并非是一个高逼格的深沉问题，它的答案朴素而原始。

想象一下，在原始社会，人们三五成群，以火驱兽、入林采果、逐水而渔，然后分而食之。刀耕火种使得生存所需物质条件的满足越来越有效率，人们有了更多的时间和精力创造文明的进步；精神需求的创造同时也让物质需求得到了升级。

比如，人们本来以毛发蔽体，而此时则以水皮兽皮为衣，这最初很可能只是因为一个“始作俑者”的审美，而后被引为时髦，而后穿衣与不穿衣的区别又在人们心中植入羞耻道德观和偷窥本能的种子。

当如此种种的需求被创造，遵循效率原则，社会分工就成为必然，商品从实物层面上升为概念化的存在，一般等价物被发现，商业和银行业就此启蒙。

其实，无论是作为对农耕社会的补充，还是作为商业社会的主体存在，商业的逻辑和基本场景，从未有过本质上的“上帝”所赋予的改变。也就是说，今天的生意人，跟国家形态出现之前的生意人，遵循同样的生意逻辑。

在原始社会中，卖兽皮的猎人团体不是单独的存在，他们面对着竞争，而每个猎人团体，又有着相对固定的主顾。

在今天，每个小区以五十米为半径，商店成为同质化的存在，一栋楼的居民足以让一家商店的主人养家糊口甚至发家致富。

在这样的场景里，竞争和熟人生意是基本的两大生意逻辑。你每天早上都去同一家面馆，用不了多久，你与店主之间相互熟识，很难有什么理由让你突然心血来潮换一家早餐店——虽然那家早餐店就在数十米之外。

从生意人的角度来看，不管学院里的商业理论多么高大上，但提供明晰的产品或服务，以及搞定你的基本固定客户，几乎就是你的全部工作。而搞定客户的营销环节，越来越成为影响生意成败的决定性因素。假如你选择开一家店，你必须穿街走巷详加考察，深思熟虑选择一个有足够人流量和需求人群支撑的道口。假如你的生意更高端，你会首先思索你的人脉圈是否足以支撑这一项目的启动。

简而言之，得客户者得天下。

同样地，在互联网时代，无论互联网产品营销理论和互联网思维多么高妙精深，假如你选择开发网站或者客户端，你必须清楚受众是谁、付给你钱的客户又是谁，你又如何获得他们的选择和认可。

尤其是，随着互联网思维的深入人心，互联网营销已经越来越多地成为线下经济的重要营销手段，当你试图通过微博和微信，建立你的品牌自媒体，本质上跟你线下所做的工作并没有什么不同，你同样在寻找你的客户。只不过，这时的客户，以流量的姿态出现。

第二节 交换——人脉与流量的通行定律

在一个以利益交换为关系基石的商业社会，人脉的重要性是不言而喻的。

斯坦福研究中心发表的一份调查报告指出，一个人赚的钱，12.5% 来自知识、87.5% 来自关系。人脉竞争力在一个人的成就里扮演着重要的角色。在好莱坞就流行一句话：一个人能否成功，不在于你知道什么，而是在于你认识谁。卡内基培训大中华区负责人黑幼龙指出，这句话并不是叫人不要培养专业知识，而是强调“人脉是一个人通往财富、成功的入场券”。

一个人脉竞争力强的人，他拥有的人脉资源不仅广而且深。在平时，这个人脉资源可以让他比别人更快地获取有用的信息，进而转换成为升迁机会或者财富；而

在危急或关键时刻，人脉资源则可以让他转危为安。

哈佛大学为了解人际能力在一个人的成就中所扮演的角色，曾经针对贝尔实验室的顶尖研究员做过调查。结果发现，被大家认同的杰出人才，专业能力往往不是很强，关键在于“他们会采用不同的人际策略”——当一位表现平平的研究员遇到棘手问题时，会努力去请教专家，之后却往往因苦候回音而白白浪费时间；但顶尖人才却因为在平时就已经建立了丰富的资源网，一旦有事请教便立刻能得到答案。

因此，这份研究报告指出，在专业技能已是必备条件的现代社会，决定胜出的关键往往在于面临难题时，人们如何以最快方式找到对的人解决问题。

尽管在各大书店里，关于关系经营和人脉学的图书，可谓汗牛充栋，但何谓人脉，似乎是一个并不太好界定的问题。假如我们从社会关系的角度入手去理解这个问题，我们的亲戚、同学和朋友无疑是人脉的重要组成部分。问题在于，当每个成年人踏入社会，在形形色色的场合，我们见过很多人，那么那些有过一面之缘相互交换了名片的人，在何种情况下算作我们的人脉？再比如说，假如你是一家小卖铺的店主，那么每天在你店里买东西的主顾算是你的人脉吗？

这固然是一个问题，但其答案本身并不重要。所谓的人脉，实则是在商业利益的层面能够为个人带来收益和助益的人，那么小卖铺的主顾显然也算是店主重要的人脉。

人脉学、成功学、关系学，如此种种充满江湖精神的学问，其操持者往往有着很多信众，无一例外地向每个社会人教授着看似精致的人脉拓展、维护理念和技巧。在世俗的场景里，这些理论和技巧确实往往能够奏效。

然而，有一点是确凿无疑的，你很难想象，一个中国顶尖级别的企业家会动辄花上几万乃至十数万的高价，去听完这些大师的课程。

中国古典哲学的智慧，告诉我们经营人脉的最高境界，并不是用上五花八门的手段可以去“拓展”，而是一心做好自己，从而使得人脉被聚合。“姜太公钓鱼，愿者上钩”，刘备三顾茅庐请动军师诸葛亮，这些流传千古的佳话，正生动诠释着这一点。

这样的陈述或许显得老套而常规，我们不妨设身处地地设想，假如你是一个自由设计师，你并没有选择朝九晚六去设计公司上班，而是靠着朋友介绍接单，从而维持生计。

关于你的事业前途，有两种选择。第一种是像很多小老板一样，终日游走在大大小小的会所、沙龙、培训班，只为结识更多能为你带来客户和财富的人；另一种是什么也不做，只做好业务执行和专业技能提升两件事。你会选择哪一种呢？

其实对于这个社会的大多数人来说，都会选择第一种生存状态。大多数人都避免不了要在事业工作、家庭生活之外，还要花上不菲的时间，出入于各种社交场合，有时候我们享受这种缘聚缘散的江湖际遇，有时候又会生出“人在江湖，身不由己”的无奈感叹。

几乎每个人都是享受着关系带来的好处的同时，又苦于为关系所累。

如果是这样，假如让你尝试第二种选择呢？毫无疑问，每个人所掌握的人脉资源是随着年龄和阅历而不断增长的，在成长的初期，当你作为设计师出道时，你的人脉资源甚至不足以维持温饱。这个时候，大多数人会按捺不住内心的恐慌和躁动，立马放弃这种甘守清贫的策略，而迁就于满世界寻找关系的途径。

很多道理，我们并非不懂，比如诸葛亮的故事告诉我们，一个人要有出类拔萃的本事，根本不需要花时间去刻意经营关系，而且这笔不菲的时间显然耽误了自我提升。但是在现实中我们并不这么做，除了无法承受短期内的窘迫之外，更深层次的原因是内心的不相信。你不相信这个世界并没有天才，其实只要你足够勤奋，你的专业能力就能成为全国一流，而到了那时，即便你足不出户，也有大把的人主动上门给你送钱。

笔者就曾经随朋友拜访过宜春的一位茶刀师傅。这位师傅早已年过四十，早年经营过工程和广告公司，到了中年仍旧不成功，后来因为一些偶然的机遇，拜师学艺。找到自己的所爱，他在县城城郊租下几间毫不起眼的简陋房屋，找了几个助手，开始一门心思地扎进茶刀制作上。

作为一个在江湖摸爬滚打已久的中年人，他的人脉资源显然足以支撑他的第一批茶刀销售。无论中间是否经历过“清贫”的阶段，但当我见到他时，他的经营状况已经非常可观。彼时已是他入行的第五个年头，全国各地找他高价定制茶刀的人络绎不绝，天猫上首页推荐的茶刀用具中，就有他的作品。

但是他的生活是非常单调的，绝少应酬，每天就扎在茶刀设计和制作上，一些打磨的基础环节由几个工人执行，但图纸设计和关键工艺环节则必须由他亲自操作。一把茶刀的制作通常至少要花上一两周的时间。

很多人可能对茶刀并不了解，作为茶具的重要组成部分，茶刀就像茶和其他茶具一样，具有艺术价值和收藏价值。作为一个社群，有同样收藏爱好的人在每个城市甚至全国都有自己的小圈子，茶具爱好者也不例外。

这位师傅的茶刀受欢迎的程度，说明他的作品获得了这个具有权威性的圈子的认可。但他并没有刻意去打入这个圈子，而是以作品为媒介做了比任何媒体广告更加高效和廉价的广告。

而这一切背后的本质就是：对于专业的专注，和对世俗关系的无为。

因为能够如此行事从而大获成功的人毕竟是少数，大多数人仍旧选择在滚滚红尘里摸爬滚打，所以这种人脉哲学注定只属于少数人。在人脉经营的常规操作层面，人脉扩张的理念不是被动聚合，而是主动拓展。这种主动拓展的本质，其实是基于人脉交换的关系裂变。

在我们踏入社会之前，我们已经有了亲戚、同学这些最初的人脉基础，当我们第一天进入公司或单位，我们又有了同事。无论是自由设计师，还是茶具师傅，他们的第一批客户都是这些最初的熟人所介绍的，别人之所以将客户介绍给你，本质上是因为对你有着同样的期待——某一天你同样会给他介绍客户。

所有世俗社会商业场景里的故事都遵从此理。比如说，每个城市都存在一个喜宴大市场或者至少有这么一个喜宴类的批发片区，它由糖果批发、红包批发、喜宴策划执行等细分门类构成，每个细分门类的批发商通常都有数十家之多。

如果你作为零售商前去进货或者只是普通个人采购，你对每类产品都有需求，当你买完糖果向店主咨询红包批发商的情况，店主一定会给你推荐其中的一家。

显然，这位糖果店主和他所推荐的红包批发店主之间，在这个充满竞争的逼仄市场里，已经结成了利益同盟，最重要的表现形式就是交换客户资源。

在互联网的流量世界里，大到互联网户头，小到用自媒体做营销的商家，这种人脉拓展的基本机制同样是流量拓展的最基本理念。

早些年，当京东在业内尚不强势的时候，中国互联网行业正掀起一股兼并收购狂潮，腾讯战略入股京东。我们从互联网产品最重要的流量的角度看待这一事件，可以找到京东之所以愿意接纳腾讯来分一杯羹的原因。如今，在微信的钱包功能里，可以找到京东商城的入口。显然，这样的强强合作，为京东带来了一个巨大的流量库和流量入口。而对于腾讯来讲，其在电子商务领域并无太多比较优势，通过资本涉足这一领域，显然比在业务层面直接经营要来得更为明智。

自从微博和微信进入大多数人的生活后，自媒体开始成为一个热词，大多数稍具规模的公司和店铺都开设了自己的微信公众号。相互推荐公众号二维码被视为线上引流的一种基本策略。采取这种引流策略的，不止是这些线上化的实体商家，还有纯线上业务形态的电商、微商个体户，以及从媒体人转型而来的内容生产者。

随后，各式各样的新媒体联盟组织开始频现，这些联盟组织具备权威召集人、常规组织生活内容等联盟组织所需要的一切基本元素。虽然联盟成员之间也经常性地组织联谊娱乐活动，举行一些引流方法交流的沙龙，但真正吸引联盟成员参与进来的根本动力甚至唯一动力，仍旧是流量的相互交换。

几乎就在同一时间点，微信官方开始推出微信公众号的互推功能。假如你想在你当日所推送的某条文章里推荐你合作伙伴的公号，你不需要再那么麻烦，手动插入其公号二维码的图片。使用新推出的互推功能，用户打开这篇文章读到相应部分时，可以点击推荐区域被推荐公号的自媒体图标和名称，直接跳转到被推荐公号的关注界面，从而选择关注或者不关注。

显然，无论虚拟世界跟现实世界有着这样不可相交的平行度，也无论互联网思维如何迥异于任何一种传统商业思维，只要都在商业社会这个大范畴内，无一例外都遵循着某些固定的规律和原理。

遵循这样的基本规律，我们可以认为，流量就是对人脉——或者具体一点说——客户的翻译。流量同样遵循着交换的基本原则。

第三节　流量思维的失效

最近几年来，围绕互联网运营，有两种理念上的争论，这两者理念分别是流量思维和用户思维。在这种争论中，仿佛这两者思维本质上存在冲突，我们不妨先来探究一下这个有趣的话题。

流量思维认为，互联网时代的核心就是流量，运营的核心就是引流。

尤其是在互联网创业的早期，按照流量思维运营平台，可谓百试百灵。只要你

拿钱投百度，投导航，甚至免费做 SEO（搜索引擎优化），都可以很成功。再到后面做微博，做 ASO（应用商店优化），投微信大号，效果好到惊人。1000 块可以带来几百万的销售额，这不是神话。要知道，百度效果最好的时候，能做到 50% 的转化率，也就是两个点击就有一个购买，而一个点击才几毛钱。微信大号效果好的时候，一个大号 1000 块，能带来几百个购买用户，效果好到令人惊讶。

而用户思维认为，光是追求庞大的流量是不够的，一味追求流量具有一定程度上的盲目性，因为在流量模式的关键环节——引流，本质上是面向宽泛的受众群体。

假如说任何一个品牌拥有的受众是有限的，甚或说极少数，那么当你在茫茫人海通过引流的方式淘洗你的客户时，这看起来显然是一件事倍功半的事。甚至，品牌会因为在引流上的过高投入而产生沉重的成本负担。

流量思维的这种窘境，在近几年来似乎越发突出。

在微信公众号刚刚兴起的两年时间里，围绕微信公号的营销服务公司迎来一个短暂的黄金时期。以“微”字打头的各式行业、场景和营销手段，俨然成为一种流行。在“微”时尚的鼓动之下，很多传统行业生意人在这种氛围的影响下开通了自己的微商城。甚至很多公司白领也辞职下海，企图从微商 +O2O 的创业风潮里捞一桶金，卖杨桃的、卖苹果的、卖土鸡蛋的，不一而足。

不得不说，当一种理念、风气为全社会所津津乐道时，它就会像一种流行病毒一样迅速蔓延，让很多所谓知识分子也丧失清醒的头脑，陷入一种完全屏蔽负面设想的美好幻想中。前两年的微商城 O2O 创业就是一个很好的例证，在很多人的概念里，仿佛找到一种在全国或者省内，甚或只要是在一个规模可观的地域有着广泛品质和形象认知的产品，就能通过微营销这个四两拨千斤的渠道，在短时间内达到一本万利的效果。

事实与预期却有着天壤之别。尽管很多微商城创业者从一开始就做好了所谓“烧钱”的准备，但当他们烧光了最初的启动资金后，发现仍旧是应者寥寥。

此中有两类典型性的事件经常发生。

在这个时期，微信公众号引流成为一种流行。无论是作为传统行业的线上自媒体发布平台，还是作为线上创业的核心营销平台，只要是将微信公众号运营作为一个必选动作，活动引流是必不可少的环节。

公众号引流的基本套路很简单，具体手段也高度类型化，即便是毫无公众号运营经验的小白也能在短短几个小时内上手。比如，直到现在仍旧不时流窜于每个人朋友圈、微信群的网络投票；比如后来被微信官方所限制的砍价等工具。

本质上，这些暴力引流手段都如出一辙：以利益和荣誉为诱饵，将平台、品牌自身的传播任务绑架给活动的直接参与者，再将这种绑架效应以参与者为中心，以蜘蛛网状的传播结构，无效传递给参与者的直接人脉群体和间接人脉群体。

大多数常规暴力引流的手段在传播上是存在边界的，其传播曲线是抛物线式的，前期呈现加速度传播，在一定区间内，流量呈现指数增长的态势。但到了一个阶段，这个加速度逐渐下降趋零，单位时间流量的增长量达到一个峰值，此后呈现下降趋势。

可怕的是，在微信传播所构建的微场景的传播机制里，确实存在一些没有边界的传播机制，只要你不吝惜成本。

比如说，我们针对土鸡蛋网商，策划这样一个基于微信公号的试吃活动：开发一个助力界面，每个活动参与者需要将界面发到你的好友聊天窗口、微信群或者朋友圈，当你的好友点击进入页面后，可以点击“助力”帮你完成助力任务，每十人助力即可免费领取一盒土鸡蛋。

然后，不可思议的事情发生了。活动界面的浏览量一发不可收拾，根本停不下来。你无法想象这种这种白送便宜的模式，有多么受欢迎。很多家庭经济状况一般的家庭主妇，似乎特别热衷此类活动，充满着一种善于精打细算居家过日子的优良品质。

显然，她们关系圈里的人脉好友，也有着相近的经济状况、社会心理和行为模式。十个助力者很快就变成了十个参与者。这是典型的一传十、十传百的传播模式和效应。

相比之下，大行其道的网络投票则没有这种恐怖的传播感染力，比如说一个征文活动，在每个人的人脉圈里，能够写文章的人毕竟是少数，即便是这少数的人，他们可以选择为你投票，但很难因为从你的传播中得知这个活动从而也选择参赛。也就是说，在投票活动中，活动界面流量的增长在很大程度上来源于参与者的直接人脉和间接人脉，而每个参赛者的流量贡献量通常以数千为边界。

假如说每个参与者都是传播中心，那么网络投票并没有传播中心复制能力。而类似于助力、砍价这样的活动，则完全拥有这样的传播中心复制能力。

如果说，流量思维能够解决所有问题，也就是说流量能够充分变现，且变现规模足以抵消引流成本还能有所盈余，那么这种病毒式传播模式无疑是非常可怕的营

营销活动

摄影 / 半偏

销手段。

但问题恰如用户思维持论者所说的那样，这样的暴力引流并不足以解决所有问题。在土鸡蛋助力引流的案例里，我们发现活动参与者其实是一群购买力十分有限的家庭主妇。

同时，我们从消费者理性的角度来分析土鸡蛋这种产品。

其实在工业社会并没有到来之前，即使是在八九十年代，大多数人餐桌上所食用的都是土鸡蛋。所谓的洋鸡蛋的兴起，是伴随着市场和行业的发展而逐渐成为土鸡蛋的完全替代品。几乎每个人每天都吃着洋鸡蛋，但大多数人对洋鸡蛋缺乏基本认知，试想一下，养殖场的母鸡，每天吃着各种能够增长产蛋量的饲料，甚至厂家为了实现产蛋量最大化，夜间也用日光灯通宵照明，导致鸡不眠不休。即便我们不从营销学的角度去理解，也可以站在动物的立场上凭常识判断，这样的母鸡所产的鸡蛋，显然品质不如土鸡蛋。

如此一来就导致了洋鸡蛋和土鸡蛋的价格差异，按照成本原则和市场原则，土鸡蛋的价格比洋鸡蛋的价格要高出三四倍。按照一般性对比判断，这样的价格悬殊，似乎已经让土鸡蛋超越了平民消费的承受范围。

但是，如果我们从另一个角度来看，我们统计一个家庭一个月的鸡蛋使用量，计算出花在这一食材上的成本，再计算出它在食材和经济生活中的支出占比，其实会发现土鸡蛋消费超越平民消费界限是一个伪命题。尤其是，对于家里小孩正处于成长期和发育期的家庭，选择土鸡蛋不但可行而且必要。

可惜的是，热衷免费的家庭主妇们缺乏这样的消费理性。他们对于产品选择的判断标准很简单，那就是价格对比，只要过得去，他们就会迁就便宜货。

土鸡蛋助力暴力引流的尴尬就在于此，如果土鸡蛋销售商不打算将消费者认知水平教育作为自身营销内容，那么他们的受众显然应该是有消费能力的工薪阶层和有生活品质需求的中产阶层。那么这种助力引流所吸引而来的受众，显然跟产品的受众定位是完全错位的。

假如你是第一次策划操作这种助力引流活动，你很难对这种结果有着充分的预判，从而没有设置严谨的成本控制规则。也就是说只要参与者仍在跟进和增长，你就需要永无止境地为此付出成本，与此同时却看不到真金白银的收益。

这些过把瘾就跑路的既得好处者，在跟左邻右舍津津乐道这次活动时，甚至连你的土鸡蛋品牌名都不能完整记起，更不会记得你的微商城到底长啥样，也永远不会在你的商城下单。

这可以视为流量思维失效的一个极端案例，这样的失效正中用户思维持论者的下怀。从流量的高成本与低转化率之间的不对称的成因上来看，用户思维论者确实找准了问题的核心，那就是流量的盲目性忽略了客户的精准性。

流量模式失效确实在各个商业规模层面都广泛存在，不仅中小创业者在流量模式上沦为炮灰，即便是以三大互联网巨头为代表的大公司也常常栽在这上面。

比如说，早四五年前，线上支付成为大型互联网公司乃至中大型银行纷纷抢夺的业务类型和流量入口。支付宝和微信的成功过程和结果有目共睹，2015 年春节的红包满天飞、2016 年的支付宝集五福，让大多数中国人至今记忆犹新。唯独百度钱包一直是静悄悄地来，静悄悄地去。

其实很多人不知道的是，早在四年前，百度在百度钱包上也曾经做出大动作，百度采取了相对比较原始的线下引流策略，以代理批发的模式将用户注册任务下放，比如说，我从代理那里获得批发权，招募下线业务员，业务员每说服身边一个人注册百度钱包将从我这里获得 15 元。从中我们可以窥见互联网发展到 2013 年前后，流量获取的成本已经居高不下。不过这里要说的重点是，百度钱包的这种常规策略最终以失败告终，同样在线上支付领域，很多大中型银行也以相同的方式铩羽而归。

因为看到了流量模式本身的问题和时代的天花板，用户思维提出以用户为中心的营销理念。这不单单体现在与用户直接接触的传播环节和销售环节，而是基于大营销框架的一种整体操作模式，他从品牌定位、产品设计的开端就将对用户的分析纳入考虑。体验式营销、大数据、互联网思维，我们发现这些近年来时髦的营销理论理念都能在用户思维里找到关联。

最典型的案例莫如小米手机。小米可以说是互联网思维的开山鼻祖和造势者，小米七字诀被奉为互联网思维最言简意赅的教义。在小米手机刚刚形成品牌气候的一两年，每当小米推出新款之际，其发售官网就被嗷嗷待哺的追随者挤爆。

没有比“粉丝经济”更能形容这种万人空巷的盛况，而这种以粉丝客户为中心的思维模式，可以说是用户思维的极致应用。基于大数据分析，它对粉丝的精神价值取向、手机使用体验习惯熟捻于心，从而成功建立起具有丰满品牌内涵和内容的品牌形象，并接受粉丝的膜拜，构建一个具有强关系性质的独特社群。

乍一看，似乎流量模式的大势已去，用户思维的开始主时代沉浮，似乎已经足以在二者的优劣取舍之间形成无需犹豫的定论（待定）。但细想之下，问题并没有表面上那么简单。

一个简单的问题是，如果小米手机不做引流动作，哪里来的第一批追随者呢？所以，引流是必须动作，所谓的流量思维和用户思维并不是本质上的冲突关系，二者之间的攻讦实则自说自话。

同样的，当我们说用户思维，其实没有一种产品是脱离于实际受众的闭门造车，当你打定主意开发一种产品，你不可能不对用户进行分析。而假如我们说所谓的用户模式有着更为丰富的内涵和完整的操作规范，细究起来，技术的改进、人们生活场景的改变等等社会因素，才是决定性的因素。

直白一点说，用户思维的成功并不是理论上的成功，而是对社会因素变迁的成功适应，就所谓的理论本身来说，并没有什么惊世骇俗的新理论、新事物被创造。

来看御泥坊的例子。御泥坊的成功，得益于遇上淘宝集中发力的战略跃进期，淘宝需要在各行业培植一批通过电商获得品牌成功的典范，在化妆品行业，御泥坊被幸运的选中。

作为化妆品行业最成功的纯电商品牌，御泥坊的品牌知名度是有目共睹的。在今天，我们经常在各大主流卫视频繁看到著名化妆品的电视广告，但御泥坊的出镜率却出奇的低。相反，每到节庆才是御泥坊放大招的时刻，各大流量聚集的视频网站、门户网站、社交网站都是御泥坊广告热衷投放的媒体。

为商城引流可以说是御泥坊营销的核心，与此同时与受众的互动也越来越多地居于其品牌运营的核心位置。比如说，在御泥坊一系列的微信公众号，有一个叫“泥浆男”的公众号，不同于其他定位为流量入口的公众号，这个公众号旨在在万千少女中间塑造一个喜欢玩泥巴的小帅哥形象。如果女孩子有什么心事，可以跟泥浆男倾吐，而实际上，在后台有一组专门的工作人员负责跟这些花季少女互动，她们同样是一群对女孩子知根知底的女孩子。

从御泥坊的运营模式中，我们不难看到流量思维和用户思维的同时存在且相安无事，而且拆除任何一块，都无以让其运营持续。

任何理论一旦形成都有着天然的局限性，这种局限性将造成真相的误判和无谓的冲突。而真实的世界，只有真实的发生，与这些人人追随的高大上的理论毫不相关。假如我们试图厘清头绪，最好的办法就是自己去观察和演绎世界发生的一切，而非掉在各种理论里欲理还乱。

互联网时代，当我们尝试自己去发现规律，从而架构流量世界的结构时，也许会有别开生面的发现。

第七章

旧时代的背影

人类社会从原始进入文明以来的基本社会场景从未改变，一旦多余的存在被创造，谬误的规则和非良性的存在将会更多。互联网与现实社会之间相互影响和塑造的边界究竟在哪里？传统互联网思维的实践，或许已经证明其不足以回答这个问题，除非它自身来一场深刻的革命。

第一节　互联网真的改变了世界吗

如今，当我们谈到互联网时，几乎都会认为它是包罗万象、无所不能的，似乎现实社会中的万事万物，都能在虚拟世界中找到对应。因为这样的印象，当我们回到一些老生常谈的问题时，常常没有头绪——互联网的本质到底是什么？互联网究竟如何改变着我们的世界？

按照其社会功能，互联网产品的分类其实并不复杂，对应社会场景和社会需求可以大致分为：传媒、社交、电商三类。这么理解起来，其实互联网世界及其与现实世界的对应关系也不复杂，根本在于看似纷繁复杂的社会解构起来也并没有那么复杂，或者说每个人的生活本身就不复杂。

现代人的生活单调而简单：早上起床，吃完早餐，乘车去公司，并在公司花费白天的大部分时间；下班之后，我们可以选择逛商场购物，作为休闲我们可以阅读报刊图书，观看电视电影。

这一连串的生活场景构成我们每天的全部生活内容，工具支配我们完成这些每日的必选动作，也正是工具的进步推动了社会和生活的进步。比如说，蒸汽机的发明是交通工具的分水岭，也是街市从稀疏到拥堵的最早开端；电灯延长了工厂工人劳作的时间，社会财富为之增长；电话电报的发明，让信息传递可以随时随地发生。

当我们审视当下所处的现代社会时，从工具的角度可以得出一个有趣的结论——正是媒体业和广告业缔造了明显区别于以往世俗场景的现代社会面貌。甚至可以说，媒体覆盖了每个人睡眠之外的绝大部分时间：大多数人起床的第一件事是打开手机，上班期间的大部分时间面对着电脑和互联网，即便在你上班的路上，户外广告、公交广告也无孔不入地进入你的视线和思维，手机更是每天被解锁数十次。

这在两三百年前是无法想象的，如果我们将社会生活的场景还原到两三百年前的面貌，只需要将现代社会中的这些工具，尤其是将媒体工具去除。

如前所述，我们所处的社会主体架构上是一个商业社会，互联网对于社会的改变也正是经由商业的路径完成的。互联网如何影响商业社会？媒体业、广告业如何影响现代社会？将这两个问题综合起来看，将会十分有趣。

内容传播互联网化

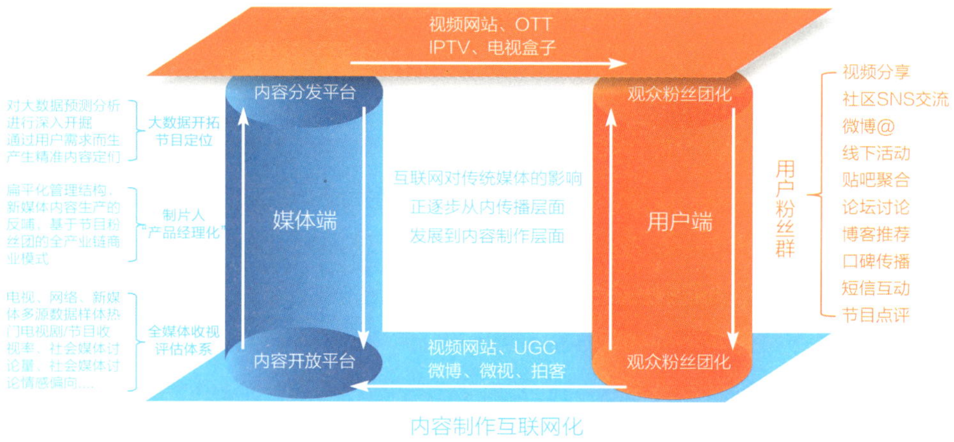

我们首先来看现代媒体业和广告业的变迁。

十九世纪五十年代，近代广告的繁荣才开始由英国逐渐转移到美国。美国广告产业的发展大致可以分为五个阶段：第一阶段是报纸广告的兴起；第二阶段是广告公司的诞生；第三阶段是广播广告的繁荣；第四阶段是电视广告的时代，以五十年代电视的逐渐普及为标志；第五阶段是八十年代以后随着新技术的采用和电脑网络的普及，广告进入了一个新时代。

尽管近现代文明发轫于西欧，但如今我们提到现代商业和广告业的繁荣，却应该从美国入手。

美国的广告业是全球最发达、最典型的，这除了和美国的社会体制和经济发展有着直接的因果关系以外，同美国的消费文化发展历程也密切相关。因此，要探讨、透视美国广告产业的发展历程，必须考虑到当时美国社会的方方面面。

1704 年，美国第一份报纸《波士顿新闻报》创刊，并在创刊号上发了一份广告，这是美国的第一份报纸广告。在 18 世纪殖民时期的美国，许多的美国殖民者拥有英国进口的消费产品，如瓷器，家具，乐器，但也担心对进口品形成依赖，所以当时最频繁的广告要数推销手头上的货物了。但在这个早期阶段的广告，只有枯燥的描述，没有具有说服力的呼吁。1729 年，美国广告之父本杰明 · 富兰克林创办了《宾夕法尼亚报》，创刊号头版刊，登了一条肥皂广告。从此，美国广告开始运用新的模式，如头条，插图和简洁生动的广告词，以吸引读者。

这里有两点是需要注意的：

第一，一个有趣的现象是，第一份报纸和第一条广告的诞生时间点，几乎在同一时刻，这无疑是媒体业和广告业相互依存关系的最有力证明。

第二，尽管报纸广告与报纸同时诞生，但最初的广告却并不具备晚近才成熟的广告理念和操作手法。

最初的广告是美国消费主义文化与媒体业革命的自然合流。推销货物是商人的日常工作，报纸的出现只是让他们找到一种新的推销途径。

广告人的最初行业角色大概介于职业记者和职业广告人之间，将之称为“文案”更为准确，他们的工作内容就是受报刊和商人所托，为其撰写不同体裁和需求的文章。也正是这些人的文案工作实践的总结和升华，导致了职业记者和职业广告人的职业分化。

十九世纪上半叶，美国的报纸广告得到空前发展。据统计，到 1840 年全美已有报社 1631 家，几乎所有报纸的主要收入都来自广告。广告的地位也得到了进一步的提高，成为左右报纸前途的重要因素。

1841 年，伏而尼 · 帕尔默在美国费城创立了世界上最早的广告公司，并自称是“报纸广告代理人”，从而宣告了广告代理业的诞生。开始只是为客户购买报纸广告版面，并从中抽取 25%的酬金。由于这项工作有助于增加报纸的收入和提高报纸本身的效率，广告代理工作受到报业的欢迎。1865 年，乔治 · 路维尔在波士顿成立了一个划时代的广告代理公司——“广告批发代理”，版面的销售员开始蜕变成版面掮客，他和 100 家报社订了每周一栏目的合同，为期一年，然后再把它零卖给广告主，以赚取差价。

1875 年，艾尔父子广告公司创立了与广告主“公开合同”的方案，从中充当广告主的代理人的角色，并为满足客户需求而提供广告，取得基于广告篇幅大小的固定佣金。在这种广告代理体制下，广告公司通过为广告主和广告媒体提供双重服务，发挥自己的主导作用。到 1918 年，已经出现了提供包括研究广告主的产品、分析广告主的市场、检查公司的销售方法、研究媒介、制定广告计划、测量广告果等全方位服务的广告公司。从此，广告与企业建立了紧密的联系，广告也起到了行销商品的先驱作用。

1922 年，美国第一家商业广播电台 WEA 正式开展广播广告业务。自 19 世纪 80 年代起，肥皂、香烟、罐头食品等行业，已经通过引进新的生产技术，建立标准化的生产体制使产品达到前所未闻的数量，生产者急需找到并说服买家对他们的产品进行消费，而此时广播广告的出现，及时地为这些产品提供了一个更新颖更广阔的宣传平台。

由于电子媒介的出现，30 年代期间，在其他媒体沉闷的时候，广播广告成长迅速。品牌商品的广告也是在这一时期的商业环境应运而生，并发生了深刻的变化。到 1928 年，全美通过无线电广播广告的费用已达 1050 万美元。

20 世纪中叶，因为永不满足的消费者对各种产品的需求，广告业进入了大发展的黄金时期。直到七十年代，消费和广告一直呈现着同步增长的态势。

电视和电子数据处理系统是这期间的两项最重要的发展。电视改变了美国人的生活和广告的世界。早在 1920 年，美国就开始使用电视，1941 年 7 月 1 日开始播放电视广告。由于电视的普及，观看电视逐渐代替了人们下班后打桥牌、看电影以及社交的习惯，电视广告费也用迅速上升。到了五十年代，美国又首创彩电，电视广告又获进展。六十年代后，由于录像机、彩电和较好的制作节目等的出现，电视成为广告业的主要媒介。数据处理系统使信息管理更趋完善，它与研究服务结合在一起，改变了整个市场营销方法和广告媒体的操作。

广告是时代的晴雨表。八十年代后的广告随着商业环境、技术、社会文化的改变发生了巨大变化。由新媒体来提供商业信息，如广播、电视、互联网等这些在80年前几乎不可想象的方式，为广告打开了重要的市场，也对广告行业的调整产生了巨大的影响

一方面，由于媒体和观众的增加，美国广告行业的竞争和淘汰愈加激烈。到19世纪末，拥有品牌的企业、广告公司、媒体都逐渐合并成了几家大公司。大企业为数十种、甚至数百种品牌提供了共同的保护伞，广告公司也合并成专为那些巨大的联合企业提供更大规模服务的大广告公司，媒介越来越被少数几家大传播公司控制。

另一方面，由于市场的细分、信息的爆炸和传播沟通的困难，定位的观念已逐渐被大多数人接受。八十年代后的市场细分，迫使公司在产品开发、市场开发、广告制作等方面发生实质性改变，并对广告行业提出了广告史上从未有过的独特要求：通讯和创意。

1999年，美国一家杂志为互联网做了一个广告。该广告是黑色背景下一堆燃烧的柴火，旁白文字写道："互联网是人类发明火以来第二项最重大发明。"

进入二十一世纪以来，互联网已经对传播信息的方式产生了深刻影响，并开始将这种影响渗透到了价值观念和人际关系乃至社会的各个方面。如果说广告就是找对人说对话，那么互联网就必将为广告如何"找对人"带来巨大的契机和挑战。

互联网本质上是一种媒体，但相比于人类社会中出现过的任何一种媒体形态，我们都难以单纯从媒体行业和媒体学的角度来理解互联网对商业社会的改造原理和过程。

就像一份报纸创刊之初最艰巨的任务是发行，也就是在茫茫人海找到情意相投的读者群，一家电视台最艰巨的任务是提升收视率，任何一种形态的互联网产品的创业初期，最重要的工作就是找到它的用户。从媒体的角度来说，从读者到观众到

摄影 / 龙阿辉

MUJI
無印良品
步步高梅溪新天地店

用户，作为传播对象的人，在媒体意义上的角色是没有本质区别的。

今天，中国几乎大多数人都是三大互联网巨头的用户，但是在 2000 年前后其创业初期，阿里巴巴、腾讯、百度刚刚上线，他们不得不斥巨资在一切可利用的传统媒体渠道投放广告，从各个流量口完成将人群从线下到线上的迁移。

而且，看起来在短短几年时间内，这个迁移的过程就已经完成，自身已经成长为一个超级巨无霸媒体的互联网平台，可以与其他媒体在广告买卖关系上进行切割。但事实却并非如此，即便到了今天，阿里巴巴也需要保持在各大门户和视频媒体等互联网平台上的持续性广告投入。流量之争贯穿着近年来互联网业内兼并收购狂潮的核心逻辑，这甚至比分散资本风险更符合其战略动机。

所以今天当我们大谈互联网思维、线上经济的时候，其实互联网社会的基本运行逻辑，仍旧跟两百年前媒体业、广告业介入商业社会的原理并无本质区别。

问题的关键在于，我们仍旧可以从传播学的角度去解读互联网，但我们发现互联网的诞生和发展依然将传播学的脑洞进行了无限扩容。

一些看起来跟传播学毫无关联的互联网生活场景，背后仍然是传播学的影子；比如，将中国传统商业格局搅得天翻地覆的淘宝网。今天，千万卖家开始在淘宝网开店卖货。但在以往，任何媒体都无法做到对实体店的几乎完全覆盖，即便是电视购物，也只是昙花一现，而且自始至终带有非常明显的局限性。

你在淘宝购物的整个过程其实很简单：进入产品界面浏览、选择并下单；通过支付宝完成支付；填写收货信息并选择物流方式。这其实就是社会沟通，跟你亲自去楼下超市购物并无本质区别，巨大的区别在于沟通场景和沟通方式的改变带来的效率提升。这种效率的提升是无法比较的，它不是一与一万的对比，而是零与正无穷大的对比。

这从表面上看，是购物场景的变迁，但网购的三个过程，本质上都是信息流在发生作用。到店挑货和网页浏览一样是信息挑选的过程；线上支付见证的是作为信息承载工具的一般等价物从纸币到电子数据的变迁；物流环节看起来是社会局部分工的另行组织，但舍弃收货信息的即时交互，这种分工的组织是不可能成功的。

总之，一个简单的基本结论是：互联网改造商业社会的基本原理，就是信息技术 + 传播学。

更为重要的结论是，无论互联网构造出一个多么别开生面的世界，世界运行的基本逻辑和场景的本质从未改变——这正是另外一些可能的潜台词。

第二节 传统电商的困兽之斗

媒体业和广告业加速了现代文明的进步。

从人的基本社会需求而言，世界的绝大部分创造是我们所不需要的。比如说，你要把货卖给顾客，本质上你并不需要通过媒体来散布消息；甚至，两百年前，人们并无电视节目可以收看，但人们精神的富足程度未必低于今天。

总而言之，我们甚至可以得出一个略显极端的结论：人类文明的存续，在某种程度上是建立在多余需求的被创造上。也就是，人类不需要却正在受用的需求越多，社会文明就会看起来越繁荣。

在一个小国寡民的社会中，生活可以简单到极致，日出而作日落而息、每个月去赶集采购一次、敬老育幼就是人生的一切。这样的生活理念仍然存在于现今社会很大一部分人的生存状态里，比如一个社区商店，往往是三世同堂守着小店过日子，不用操心业绩问题。

一切的改变来源于社会思想的改变和传染。十五世纪末发端的大航海时代，让西欧人从此陷入到一种为财富幻想迷醉的社会氛围中；二十一世纪的互联网创业神话，几乎在每个人心中都种下了一颗“不知天高地厚”的财富梦的种子。

互联网在当今之世之所以能大行其道的根本秘诀，正在于互联网精英在社会思想层面对人们理念的钳制。这就是为什么大佬们在台上高谈阔论“互联网思维”时，你也在台下盲目跟风的原因。

从思想到行动。假如你是一个商人，从前车马慢的时代，大多数小商人就像今天的社区小店一样，或者说现今社区小店就是传统社会商业面貌的活化石。而到媒体和广告业涌入近现代社会，人们看到生意竞争角逐的另一个天地：为消费主义所裹挟的欲望之梦在整个社会蔓延。

于是，我们用网店代替了实体店，用朋友圈产品图代替口头说服来维护顾客关系。当所有人成功被互联网思维“洗脑”时，便纷纷按照互联网的规则行事，互联网商业大佬便得以纷纷崛起。最后，少数的互联网精英缔造了新的商业秩序，而平民百姓的生意却越来越难以为继。

马云的阿里巴巴最早提出的口号是“让天下没有难做的生意”，为此淘宝网确实一度让一批人创业致富。但信用问题的暴露，让淘宝网的生意终于遭遇可预见的天花板，天猫又呼之欲出。为了弥补信用的不足，天猫的开店门槛更高，甚至天生摆出一种对非品牌商家的拒绝姿态。

所以，绕了一个大圈，互联网让社会资源更加集中，垄断的逻辑在各个层面不同程度主导商业的趋势。

然而，这还不是互联网绕的最大的圈。上文提到，互联网巨头在并不长的时间里完成了对线下的流量收割，并由此开启互联网创业的黄金十年。这种状况发展到极致的标志就是“互联网 +”的提出，其野心不言而喻，它认为互联网可以统治一切，甚至可以说互联网可以成为现实世界的主宰者。

然而，看起来正是大力鼓吹互联网的大佬们，最为了解互联网本身的局限性。

淘宝网的信用缺失，导致收到假货或名不副“图”产品的买家越来越诟病淘宝的节操。卖家与买家的冲突时有发生，买家因为不满给予卖家差评并在评论区大肆口诛笔伐，这是卖家最为忌讳的，实际上淘宝网最众所周知的潜规则就是零负评。你很难想象，这种违背最基本常识的规则，能够在一个正常的社会，在每个人的面前大行其道。

再比如，近几年为公众广为讨伐的百度竞价排名。竞价排名简单理解就是，作为广告客户的商家，谁给广告主百度的钱更多，谁就能在百度上占据更有利的广告位置。这从商业利益的角度来看，似乎是无可厚非的。

但是，搜索引擎推广跟所有广告形式一样，有着一个基本的逻辑，在大众媒体和公众之间存在这样一种隐形的相互信任关系：媒体登载的产品广告代表着这个行业的品质（正如大多数广告自说自话的那样）；公众也认为，在大众媒体发布广告的产品是品质可靠的。假如没有这样一种隐形的默契，广告业将不复存在。百度竞价排名的基本逻辑，显然是对这一信任关系的公然违背。

虽然百度长盛不衰，这样的广告机制也看似可以万代千秋，但这一互联网的先天弊端从它最为繁盛的时候就已经注定迟早要爆发。莆田系与百度之间的攻守，原本只是一场一丘之貉的撕逼，结果却成为公众情绪的导火索，通过百度检索的医院治死人的案例也频见报端。

更为耐人寻味的是，诸如此类互联网平台负面丑闻在民间的蔓延，本质上并非正义的呼声和庶民的胜利，它的直接来由仍旧是商业利益的冲突。

最先对百度竞价排名提出诘问的是央视，因为百度广告业务的迅猛发展，已然冲击了央视作为全中国最大广告主的地位。直到百度终于乖乖大手笔重回央视做广告，双方又迅速旧情复燃，李彦宏更是在 2009 年大年三十晚上坐在了央视春晚的贵宾席上，整个晚会给了李彦宏 8 次镜头（据说李彦宏出价 500 万换来的）！从那以后，央视再也没有找过百度的麻烦。

近年来，作为线上线下最重要的衔接点，物流行业悄然掀起了一场充满互联网商业竞争硝烟的革命。

阿里巴巴集团牵头组建中国智能物流骨干网（CSN）项目，阿里巴巴和银泰集团、复星集团、富春集团、顺丰速运等物流企业组建了一家新公司，阿里巴巴董事局主席马云担任公司董事长，并给公司命名为“菜鸟”，同时启动的城市有十几个。

马云表示，CSN 一期投资额为 1000 亿元，项目由阿里巴巴集团牵头，第一期投入 1000 亿，第二期投入 2000 亿，“这是一个理想主义色彩的项目，需要十年左右的时间才能完成，很感谢物流伙伴们的信任。”同时，马云再次强调了阿里巴巴不会做物流，“我们做不好物流，也不会去做。”

CSN 要在全国范围内建设物流仓储基地网络，并向制造商、电商、快递物流公司、第三方服务公司开放，计划能支撑日均 300 亿元的网络零售额配送，订单做到 24 小时必达。

致力于庞大自营物流体系搭建的，并非阿里巴巴一家，还有曾经的电商界黑马——京东。京东物流以打造客户体验最优的物流履约平台为使命，通过开放、智能的战略举措促进消费方式转变和社会供应链效率的提升，将物流、商流、资金流和信息流有机结合，实现与客户的互信共赢。京东物流通过布局全国的自建仓配物流网络，为商家提供一体化的物流解决方案，实现库存共享及订单集成处理，可提供仓配一体、快递、冷链、大件、物流云等多种服务。

按照当事公司的官方思维逻辑来看，电商公司的物流体系旨在为其商城入驻商家服务。从买家的角度而言，我们每个人确实已经体验到了这种快捷物流带来的好处，上午在京东下单，下午就可以收到快递员送来的货物。只不过，有个前提：你必须在京东自营店下单。

本质上，电商物流的大发展，源自电商进一步蚕食线下实体店的野心。尤其是电商高居不下的流量成本和微薄利润，导致电商的扩张是一种必然的自身需求。另一方面，互联网公司建立的流量思维，决定一个拥有流量的互联网平台在理论上是具有无限的扩张性的，它所能涉及的行业和地域没有边界，它的盈利预期和估值预期可以无限期延后。

流量思维从线上到线下的扩张，正是互联网所绕的最大的圈。为了配合已然足具规模的布局行动，一些新的互联网概念正在被制造，用来为即将到来的互联网社会变革背书和传教。

这种变革与其说是互联网自身的主动变革，不如说是互联网先天弊端暴露引发的结果的无奈对策。

一方面，线上红利已经越来越微不足道。阿里的销售额近年来呈现稳定的下滑，2016 年双十一的成交额为 1207 亿，相比 2015 年的成长率仅有 32%，增长率下跌将近一半。通过这个数据我们可以很清晰地看到，电子商务已逐渐进入一个稳定期，电子商务将很难再有猛暴性的增长，线上的流量红利已进入常态稳定的新阶段。

另一方面，线下实体的危机持续延续。在过去几年的时间里，因为电子商务的高速增长，传统零售业面临困境已是不争的事实。

2016 年上半年，在单体百货、购物中心以及 2 万平方米以上的大型超市业态中，22 家公司共关闭了 41 家店铺。其中，百货与购物中心 15 家，歇业店铺的营业总面积超过 60 万平方米。被关店铺持续经营时间平均为 6.84 年，其中，百货与购物中心为 8.67 年。

据统计，2015 年中国百货关店席卷了 17 个省市自治区、14 个品牌、63 家百货门店。从关店分布地区来看，东部地区百货关店最严重，福建省成为百货关店的重灾区，2015 年共有 9 个百货门店关店。其中，仅万达百货就在福建省关店 8 个门店。从关店品牌来看，万达百货已关店 35 个居首位，其次为天虹百货（5 家）、玛莎百货（5 家）、金鹰百货（5 家）。此外，2015 年关店的百货不仅包括万达百货、王府井百货等全国性百货品牌，如百盛、华堂商场（伊藤）、玛莎百货等外资品牌也难逃关店命运。

数据向我们所揭示的正是互联网传统流量思维的破坏性——最终以线上线下两败俱伤收场。在 2016 年的阿里云云栖大会上，马云提出了“五新一平”，他认为“电子商务”这个词很快会被淘汰，而“五新”概念（新零售、新制造、新金融、新技术、新资源）将影响到各行各业。

未来的十年、二十年将没有“电子商务”这一说，只有“新零售”一说，也就是说线上线下和物流必须结合在一起才能诞生真正的新零售，线下的企业必须走到线上去，线上的企业必须走到线下来，线上线下加上现代物流合在一起，才能真正创造出新的零售。

因此，新零售时代是线上和线下的结合，过去纯线上的企业必须走向线下，纯线下的企业也必须触网走向线上。新的商业模式意味着新营销模式的诞生，因此结合线上线下就是新营销，过去纯做线上营销的企业，未来必须开始在线下做营销，打通线上线下的信息流；过去纯做线下营销的企业，也不能只待在线下，而必须张开双臂拥抱互联网带来的契机，踏出改变的第一步。

从某种角度，这番言论意味着传统电子商务的自我纠偏。从另一个角度来理解，十几年的电子商务实践固然大大提升了社会效率，但从财富增长和行业建设来说，却十足是一场虚耗。互联网的野心自始至终没有变，在经历了两败俱伤之后，电商公司正在图谋下一场入侵计划。

此中的最大问题是，无论是上半场的两败俱伤，还是下半场的结局不明，互联网发展的基本逻辑并没有变，那就是建立在传统流量思维上，通过互联网技术对传统商业环节进行场景化渗透，从而建立新的互联网商业秩序。

如上所言，人类社会从原始进入文明以来的基本社会场景从未改变，一旦多余的存在被创造，谬误的规则和非良性的存在将会更多。互联网与现实社会之间相互影响和塑造的边界究竟在哪里？传统互联网思维的实践，或许已经证明其不足以回答这个问题，除非它自身来一场深刻的革命。

第三节　流量组织的去中心化

在广告业没有兴起之前，人们的商业活动依靠最原始的方式传播，店家必须将店开在相对繁华的地段，走街串巷的卖货郎必须边走边吆喝以引起周边人群的注意。广告业的出现，让“酒不香也不怕巷子深”成为可能，最典型的例子就是餐饮外卖行业。

商品天然有着传播的需求，这造就了广告业的发达。这看起来似乎是在说广告业是商品经济发展到一定阶段的必然产物，或者说如果没有广告业，如果没有互联网广告，我们今天的商品流通不可能如此迅捷。

但是，有两点是肯定是：

第一，从媒体发行的角度来说，任何一家媒体从零到一的突破都建立在最原始的传播场景上，都是从最直接的线下人流量积累最初的受众。

第二，对于商品流通过程的起点和终点来说，传播是必然的，但为传播而选择的付费广告则并非必然，这两者并非一码事。

从这个角度而言，广告业意味着花费社会成本来提高商品流通的效率。它的本质在于更加高效地打破信息不对称。

商品交易存在两类最基本的信息不对称：其一，你有货，千万人有需求，但千万人不知道你有货；其二，你有货，潜在客户知道你有货，但不知道你的货物品质如何。

所以我们通常所见的广告无非是在说，我有货，快来买吧，以及我的货如何如何好。现代社会商学院里所教授的那一套市场营销理论，说到底是在解决这样的最基本问题。

通过广告发布产品和维护品牌形象，从来都是商业理论和实践的主流，但却不是唯一的选择，比如说安利，安利的知名程度可谓家喻户晓，安利公司是全球最大的直销公司。社会舆论对安利一度存在争议，但安利的存在和成功，足以说明直销作为一种销售模式的合理性和可行性。

简而言之，直销是依靠人与人之间的信任关系，完成产品在人与人之间的推荐或者说推销。这本质上就是一个打破产品与受众之间两类不对称的过程，显然它是没有广告可言的。

直销向我们展示了人际传播的强大能量。从商品销售的角度来说，直销是人际传播的最极端化应用。但人际传播的效用，并不局限于商品的推广和销售。古话讲“好事不出门，坏事传千里”，正是人际传播威力强大的注脚。在微博微信病毒式传播的自媒体尚未到来之前，诸如艳照门之类的网络事件已经足以在一天之内被传播得人尽皆知。

在媒体发行学里有个专业术语叫“传阅率”，所描述的正是报刊通过人际传播完成发行延展。比如说，你订购了《凤凰周刊》，每周邮递员都会准时将最新一期的杂志送到你的办公室，那么很可能办公室里的很多同事都会通过你的办公室成为

《凤凰周刊》的读者，这就是为什么很多报刊在创刊之初会将高端赠阅作为重要发行渠道的原因所在。

我们说到互联网所建构的流量模式本质上仍然是一种广告思维，它的目标同样是打破信息不对称。早期的传统互联网平台，自身本质上同属于媒体业和广告业，在其发展之初，付费的广告投放是其最主要的引流方式。

但人际传播的效应让我们看到另一种引流方式的可能性——人与人之间流量的交换。

我们可以从两个方面来看待这个问题。

第一个方面，互联网作为一种本质上的传媒，在其发展过程中正在逐步从大众传媒向分众传播和自媒体传播演进。从互联网进入大众生活开始，新媒体的概念就一直长盛不衰，新媒体的具体内容可以说有着异乎寻常的迭代速度。

十年前，当大多数人对于互联网的主体印象还停留在 PC 端时，网站已经是陈旧的事物，手机报被认为是彼时新媒体的代表。

五年前，手机报已经几乎从大多数人的使用习惯中消失，微博开始兴起。此后不久，移动互联网以迅雷不及掩耳的速度消除了文化程度的限制，进入千家万户。

而今，承载于移动端的微信公众号、APP 都已经算不得“新”，智能手表、手环等成为大众新宠。

这个演变的过程不仅仅是软件和硬件的迭代那么简单，无论在传媒角度还是社会人文的角度，每一次微小的变化都有着巨大的意味。

传统的 PC 端新闻门户更像是集成所有传统媒体机构内容的大杂烩，本质上仍旧是大众传媒。早期的论坛、SNS 社交网站，大多活跃用户都带有非常鲜明的精英印记，可以被视为传统媒体作者群的第一次触网。尽管这些早期的意见领袖偶有以网名成名的，其知名度也往往局限在高度类型化的人群乃至同质化的沙龙式的圈子里。

真正的变革始于微博。微博作为一款介于媒体产品和社交产品的综合互联网产品，跟传统的 QQ、论坛相比都具有明显的优越性。正是因为其强大的内容原创性，加上强大的社交组织和传播能力，成就了这款中国互联网史上最为拉风的史诗级产品。

中国互联网社会的很多奇迹在微博所构筑的话语世界中产生。

颇具争议的打假能人方舟子经由微博完成从平面作者到互联网大咖的转型，知名网络意见领袖李承鹏和菜头等在微博成功实现从小范围互联网意见领袖到全国知名的网络大V的转型。湖南省纪委处级干部陆群通过微博在与体制硬气叫板的同时，找到了微博前时代所不具有的社会庇护。

正如论坛的时代见证中国知识界精英的最后一丝群体光辉，微博也呈现出它独具魅力的时代新媒体气质。如果说论坛时代的活跃者们多多少少带有些许传统媒体遗老遗少的悲情色彩，那么微博时代意味着话语权扁平化的趋势。

这是一个草莽出英雄的时代，每一个公民的话语从未如此重要，尤其是在层出不穷的网络事件中，每一个草根都扮演着直接推动者的角色。

从互联网传播史的角度，可以说，微博是流量世界的分水岭。媒体传播正在发生着深刻的变革，从更加抽象的层面来说，一个话题、一个故事、一个主角都可以成为一个具有发布能力的独立媒体。

本质上，此时的流量正在经历从平台主导组织向个人主导组织的嬗变，这正是自媒体这个概念最初的内涵。在这种情势下，每个人都在网络生活中获得存在感。在少数构成的名人群像之下，次名人群像正在成为一个庞大的存在。

即便是微不足道的你我，也可以通过互联网与现实生活中的熟人相遇，当你每发布一次微博时，其实你在心里告诉自己，他们看得见，否则你或许写不下去一条完整的微博。

更加厉害的是，由于完全开放的传播环境，你可以全透明地观察到很多你认为有趣的人，并与他们互粉、展开对话甚至线下约会，由此线上与线下的界限在微博的世界开始出现消弭。

比之微博，微信的出现，更加充分地向我们展示了个人对于流量的强大聚合作用和影响力。

同样是中国第一互联网社交大佬——腾讯公司推出的产品，微信跟 QQ 一样一开始就定位为社交工具，但微信显然在 QQ 的基础上，做了质的升级。QQ 已经被很大程度上定势化地定义为 PC 世界中的社交利器，而微信从一开始就自然灌输着移动端第一社交工具的印象。

微信几乎彻底放弃了 QQ 世界中的陌生人社交理念。不同于社区形态的 QQ 空间，微信朋友圈从一开始就有着全封闭的传播环境，微信没有留下任何一种机制可以让非好友自由完整地查看用户的朋友圈。

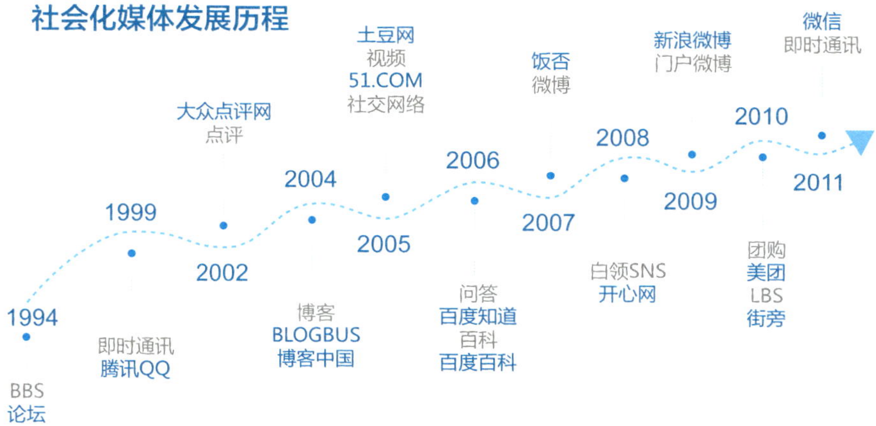

比之以往任何一种互联网产品形态（或者部分具有可比性的功能），朋友圈可以说是一种全新的事物。也许现在想来，每个人都会生发这样的感慨：朋友圈为什么迟至 2011 年才出现。之所以有这样的错觉，正是因为朋友圈以互联网的场景向我们充分展示了一个完全平行的、旧已存在的现实世界——熟人的世界。

通过刷朋友圈和相互点赞，我们第一次淋漓尽致地意识到，原来我的交际圈规模如此可观。更深层次上，我们对朋友圈的认知与实践，已经超越了这种感性层面，比如我们每个人都经常收到帮忙转发消息、帮忙点赞的请求，当我们完成这种举手之劳时，心中隐约充满着一种自豪，这实际上是对个人关系价值的发现、放大的实践启蒙。

微信的另外两大主体功能——微信公众号和微信群也从不同角度呼唤着个人话语权力意识的觉醒。

在今天，只要你是中华人民共和国的合法公民，你就可以注册一个微信公众号，从而拥有跟范冰冰完全平等的发布权力和传播潜力。

不同于微博作为媒体在内容上鱼龙混杂的特征，微信公众号的规则保证了清晰的质量梯队层次，且具有天然的过滤作用，它避免了劣质、不可靠信息泛滥的垃圾化存在。

最重要的现象是，微信公众号引自媒体创业之先。在微信公众号最火热的几年时间，与媒体从业者离职创业潮刚好吻合。原本名不见经传、衣着配不上才华的媒体从业者们，通过公众号赚足了物质和名声。

而微信群，作为一种似乎看起来并不新颖的产品局部形态，区别于以往任何网络群组的最大特征就是，几乎每个人都是至少一个微信群的群主。你可以为着一个鲜明的目的，通过简单的操作，零权限地将你的部分熟人聚在一起，并在群组环境里发挥个人熟人关系的价值。

毋宁说，自媒体时代正是一个个人话语觉醒的时代，而个人话语的存在本身所对应的正是每个人所固有的现实社交关系。

从更深层次来说，这种互联网传播去中心化的发生，并未形成对社会形态和结构的颠覆，因为自媒体传播和大众传媒有着终极的本质和内涵。

在大众传媒时代，读者、观众和流量等概念，看似都是在描述媒体和受众之间的关系，这种关系有两种属性：传播和被传播的关系；商业的交易关系。

这两种关系看起来是非人格的抽象的媒体与个人之间的关系，实则仍旧是人与人的关系。抽象的媒体本身既不具有传播的动机和内容，更没有世俗商业利益的诉求。媒体所承载的是媒体背后的所有人和内容生产者的意志。

以此为例，其实形形色色的社会关系背后的本质都是人与人之间关系的映射。

而自媒体时代，去中心化的表面特征，正是省去大众媒体这个多余的环节，更直接地回归到人际传播的实质层面，比如卖家不再通过大众媒体为桥梁抵达受众，而是自建自媒体与客户直接对话。

当我们舍弃宏大叙事，以一种平民视角的人文精神来看待这种嬗变时，会发现一切复杂关系组织的源头都存在于每个微不足道的个体的个人关系之中。每个人都不应妄自菲薄，因为正是你的个人人脉的流量化，成就了那些高不可攀的互联网巨头。

由此，我们似乎已经可以提出一种新的流量思维——个人流量。

简单地说，当我们为了商品发布而付费给大众媒体打广告时，而大众媒体也正是通过每个具体的人的关系圈完成受众聚合，那么我们为何不干脆建立一种有效的机制，将个人与个人之间的合作发挥到极致，从而完成这种并无本质差异的个人流量的交换呢?

第四节　个人流量的创世预兆

首先我们来探讨一个看似风马牛不相及但颇为有趣的问题：古代著名的大诗人的诗歌作品在当时是如何被传播的?

我们来看唐朝，唐朝是一个诗的朝代。当作为后生的杜甫遇到作为前辈的李白时，李白已经是天下赫赫有名的大诗人。“诗言志”，诗可以说是士人阶层的一种专属文体，有理由认为唐诗主要在一个特定的知识阶层的范围内传播。那么李白的名声和他的诗作是如何传播到全国各地的呢?

尤其是在古代的交通条件下，一千里的路程走上个把月都不足为奇，山里还时有野兽出没，如果不是各方面条件具足，你甚至连远门都不敢出。也就是说，在当

时具有这种远程传播能力的，一定是长期在异地游走的特殊群体和个体，最主要是各类官差、商人两类。而正是这两类人与社会的优势阶层——读书人群体有着社交关联，正是他们将诗人的名声和诗作一传十、十传百的传播到所到之处。

在这种久远的传播场景里，既没有大众媒体的登载和发行，也没有电视硬广告，天下大事尽在人们的口耳之间传播，这无疑是人际传播强大能力的生动写照。

在今天，广告业已经彻底完成了商业理论的现代洗礼，人们甚至无法想象脱离了广告一个品牌或产品的传播从何说起。然而，从古至今从来不乏行销全国的商业品牌和产品，比如清末著名徽商胡雪岩将钱庄开到了全国各地，百年中医老字号同仁堂的名号在当时就已经响彻大江南北。

我们不妨模糊这种世殊时异的所有差异，重新回到商业的基本场景和模型里去探究商业传播的实现。假如你生产了一种被广为需求的优质产品，不通过任何媒体做广告，你如何让人们知道并接受，并逐步让全国的人都来购买你的产品？

在这种情况下，你的启动动作面临非常有限的选择，要么挑着货物沿街吆喝，要么花钱置办一间沿街的商铺等待市民的登门。当然，此间有一个最基本的前提，你必须持续不断地保证“货真价实”，这是千古以来通行不变的商业准则，在商业这个行当，格外讲求“人无信不立”。只要做到这一点，你的顾客就会实现“一生二，二生三”的规模化增长；反之，你只能做完有限的一锤子买卖便关张大吉。

实际上，在这种客户增长的机制里，本质上是信誉的价值传递。你的每一个客户，在他的个人圈子里推荐你的产品时，一定是给你的产品绘声绘色地加上了一个“好”的标签。

现在，我们将这种由具体的个体为标志的人际传播节点整合而成的传播网络从最原始的商业场景里抽离出来进行处理。

处理的方向有两种选择：第一种选择就是像三百年来大众媒体所做的那样，基于媒体传播整合一套大众传媒的传播体系；第二种选择则是三百年后的今天自媒体刚刚所做的那样，建立一个个人流量分散体系。

从某种程度上讲，我们或许可以有这样大胆的断想：尽管第二种结果以互联网时代流量分发的模式存在，但其实这种机制在互联网出现之前就有着充分的社会技术基础。就像驰名全球的魔幻巨制《权力的游戏》里罗德里克爵士散布在七大王国的“小鸟”一样，他们潜伏在社会的每个角落，通过每个人的人际圈收集和散布消息。

这种传播方式之所以并未成为传媒主流的原因，在于传统媒体业和广告业一出现就迅速占据统治地位。导致这种结果的原因在于，传媒业和广告业对于商业的价值从一开始就如此显著，更重要的是，它本身可以被商业的逻辑迅速同质化，也以一个新的行业进入到市场买卖中。越发展到后来，传媒业和广告业的商业利益不但越来越固化，更因为其与意识形态和社会舆论的天然暧昧关系，而成为政治的绝佳工具。

在今天，老掉牙的互联网对社会的真正深层次贡献，并不在所谓“互联网思维”，反而是时至今日仍旧是非主流存在的自媒体传播形态。其间，个人社会关系价值被重新发现，并让人们看到经由互联网或者说流量进行整合的高效可能性。

上文提到，微信的公众号体系构建了一个数以百万计的个人自媒体群体。毫无疑问，这个自媒体群体所囊括的流量规模足以与微信本身的用户基数并驾齐驱，这个看起来与传统互联网平台自由流量并无量和质的区别的流量库，却在组织方式上迥异于传统互联网平台——它正是通过个人自媒体以个人流量的方式所整合的。

遵循这样的流量整合逻辑，广告业看到了新的机遇，实际上这种整合过程的逆向操作就是基于个人流量的流量分发——一种新的流量广告操作模式。

早在微信公众号业务兴起之初，微信就培植了一大批合作第三方，这些第三方服务公司最初提供公众号框架搭建技术服务，后来，稍具实力的第三方都选择了自建模块化的服务平台。这些第三方自有平台所提供的服务，并非技术开发那么简单，其更大的野心和更长远的眼界在于内容服务和流量经营。

在这些平台上，你可以在大数据技术处理下轻松找到近段时间全微信最热传的各类文章。更具重大意义的是，系统会根据大数据分析挑选出与你的品牌、产品有着充分受众契合度的个人公众号，你只要充值付费，就能实现精准的广告投放。

很显然，这种操作模式虽然已经触及到个人流量的要义，但其本质仍旧属于传统广告思维和广告行业的范畴。

真正的变革反而隐藏在那些看起来并不光鲜甚至失败的实践里。

比如说，出现较早的三级分销和海报系统，这正是微信第三方最早提供的最重要的技术开发服务之一，它通常与品牌商家定制商城开发服务关联操作。三级分销本质上与传统的分销模式并无二致，它的厉害之处在于通过微信这一时新社交工具，让传统的分销模式具备病毒式的迅猛扩张能力，以及自动化的数据管理能力。

简单来说，当你关注一个品牌的公众号，对话框会弹出后台设定好的海报系统注册链接，点击进入注册后系统会将在你的账户存入可以直接购买抵现的虚拟本金，以此刺激你购买产品，从而成为它的直接客户。

与此同时，系统生成一个会员二维码，当你将这个二维码通过私人对话、微信群、朋友圈转发给你的好友和间接好友，一旦有人通过识别你的二维码注册成为会员，他便作为你的下线，账户信息便与你的账户形成永久关联。

不仅如此，你的下线的下线（三级）产生的购买也将通过系统的自动化管理计入到你的佣金，并实时结算。

一切都看起来十分美好，事实上不乏知名品牌或初始创业者津津乐道他们通过海报系统狂吸数以十万计甚至百万计的会员和粉丝。但看起来通过这种方式真正大获商业成功的品牌绝少听闻，以致现在品牌商也已经清醒地意识到微信三级分销系统只是中看不重用。

原因其实很简单。如前所述，品牌传播和产品传播的核心，并非产品本身，而是信誉价值的传递。缺少信誉传播这个关键环节，即便给足利益诱导也是无本之木。几乎所有人都会禁不住诱惑注册成为你的会员，但他们只是寄希望于别人购买，自己坐收佣金。或者，他们潜意识里早就知道指望注册会员赚钱是靠不住的，因为潜意识里已经完成了推己及人的逻辑推理，知道绝少有下线和下线的下线产生实际购买。

相比之下，真正遵循个人流量的逻辑，通过微信构建起来的传播场景大获成功的，反而是不被很多人看好，被很多人见一次屏蔽一次的微商。

很多人对微商缺乏了解，他们以为微商就是表面看起来的那样，在各种微信群疯狂添加好友，甚至多部手机在手无缝跨屏跨账号操作，疯狂地刷朋友圈。似乎可以断定，这种建立在陌生人好友关系里的传统广告思维式的流量发布毫无转化率可言。

然而，微商真正的成功秘诀恰恰与所有人看到的相反。

首先，微商做的是熟人生意；其次微商所发布的朋友圈，不是发给陌生人甚至没有买卖关系的熟人看的，而是发给微商的下线和他们的稳定客户看的。甚至有名目繁多的软件工具，可以自动生成热闹非凡的对话截图，以供制造氛围。

所以你屏蔽微商，对微商而言，其实并无影响。

微商所昭示的，反而是一个正常的社会，一个本分的人，正常的挣钱方式和套路。作为一个普通的平民，你最大化赚到你的人脉圈子的钱就已经足以奔小康。最好的例证，仍然是日常生活中司空见惯的社区小店依靠几栋楼的居民发家致富的例子。

更何况，微商通过微信传播所能整合的人脉资源，显然有着依靠周边人流量的传统实体店所不能比拟的可能性。所以，你所经常见到的微商在朋友圈晒出公司年会被奖励了一套奥迪，这事儿十有八九是真的。

现实往往吊诡，你见过的大多数有为青年，一旦提及创业，言必称互联网思维，行必开发海报系统，但他们大多无疾而终。而真正发家致富的，却是那些讲不出太多高深道理，但却勤奋老实的小姑娘。

从微信第三方的流量分发平台到三级分销系统、微商，我们隐约看到个人流量的价值已逐步从传统商业模式和广告思维的窠臼里跳出来，从“无用”的传播层面向有用的商业应用渗透。

然而，当我们从更大的层面来看问题，从社会革命和流量思维革命的层面来看待问题的时候，三级分销也好，微商也罢，仍旧只是个人流量的初级应用，而并未上升到一种完整的具有实质创新性的商业模式和互联网创新思维。

并且，当我们从互联网发展和传统商业发展的终极愿景来审视时，尽管移动互联网已经进入到每个会识文写字的公民的日常，但懂得运营个人流量思维，甚至只是借助过时的互联网营销技巧来进行自我经营提升的人，仍旧局限在通过组织化培训或个人专业学习的少数群体里。对于很多线下实体店的经营者而言，他们对于流量的认知仅仅停留在每月办理一个 4G 套餐就可以在手机看微信小视频，而对于互联网流量经营一无所知。

在这个由互联网统治的商业社会里，如何建立一种全新的规则，让这些流量小白不需要培训和学习就能通过流量思维和自动化的流量经营与互联网彻底实质性触网呢？

这是一个大胆的设问，答案也许就在“个人流量”的巨大前景里。

第八章

个人觉醒与中产社会的曙光

当我们回到世俗商业的微观场景重新建构对人与社会、人与互联网、互联网与社会的认知时，当我们摒弃冰冷的工具理性、放弃对互联网误入歧途的迷信和膜拜、重拾本真人际关系的力量时，一个崭新的世界将同时存在于浩瀚世界与个体星空。

第一节 商业利益来源于社会关系

当我们讨论个人流量时，难免要从人的关系入手。

对于人的社会关系的理解，甚至可以上升到人的本质层面。马克思认为：“人的本质不是单个人所固有的抽象物，在其现实性上，它是一切社会关系的总和。”

我们知道，科学早已证明人是由类人猿进化而来的。那么，是什么东西使得人和猿会区别开来呢？地理环境的变化是猿变成人的一个外部条件。早在二、三百万年前，地球上气候变冷，森林大面积减少，这使得类人猿不能像以前那样靠大自然提供的食物和条件生活了。地理环境的变化迫使类人猿发生了巨大的变化，这是猿变成人的一个重要条件。类人猿要继续生存下去，就必须要战胜恶劣的自然环境，创造自然界不能提供的物质生活资料；而要战胜自然界并创造物质生活资料，单靠个体的力量是不行的，必须结成一定的关系。这种结成一定关系去创造物质生活资料的活动，就是劳动。

由此可知，正是由于结成了一定的社会关系才能进行劳动，类人猿才变成人，人才和猿区别开来。劳动是人的活动，劳动把人和猿区别开来，但这依然不足以成为人的本质。决定劳动的是一定的社会关系，人一产生就是社会关系中的人，人从一开始就是社会关系的总和。所以说，人的本质是一定社会关系的总和。

人作为一切社会关系的总和而存在和发展。人类要存在和发展，就必须解决衣食住行等问题。而要解决这些问题，就必须进行劳动，也就必须结成一定的社会关系。人们结成怎样的社会关系，人们就怎样劳动创造，人们也就怎样存在和发展。

我们还知道，人和动物的另一个重要区别是人的目的意识性。人的目的意识性是在劳动实践中形成和发展的，那么，人的目的意识性也就是由人的社会关系所决定的。人的意识一开始就是社会的产物，现代人和未来人的意识仍然是社会的产物，所以说，劳动创造性和目的意识性都是由于人们结成一定的社会关系才具有的。

由此可知，人类是以一定的社会关系的形成为基础而存在和发展的。因此，人的本质就是一定社会关系的总和。

固然，“社会关系”泛指人的一切关系，而不只是我们通常所理解的人与人之间的关系。但显然，人与人之间的关系是这种社会关系至关重要的一部分。尤其是在现实语境下，当我们单从人的经济属性而非笼统的社会属性去讨论人的发展时，人际关系就成了最为重要的社会关系。

人际关系的产生和发展伴随着人类的产生和发展，自从有了人类便有了人际关系。这就是说，人际关系的产生和人类历史一样古老。人际交往是人类的本能，人际关系是人类特有的社会现象。人类只有在相互交往中才能创建并享有物质文明，也只有在相互交往中才能创建并享受精神文明，甚至人类只有在相互交往中才能生存。

人际关系早就存在，而作为一门学科的人际关系学却是一门现代新兴学科。这正如植物学产生之前植物早就存在、天文学产生之前宇宙早就存在一样。人类对自身的认识，对人际关系的认识有一个过程，虽然在不同的历史时期中外学者对人际关系都有一些论述，但真正作为一门学科进行专门研究的却是 20 世纪 20 年代后期由西方学者开始的。

美国哈佛大学学者梅奥等人通过 8 年的“霍桑实验”，于 1933 年出版了《工业文明中的人性问题》一书，并在书中首次提出了人际关系学说。梅奥根据实验结果发现并总结了人际关系学的主要论点：提高生产率的重要因素，是在工作中发展起来的人际关系，而不只是待遇和工作环境；生产率不仅受物理的和生理的因素影响，而且受社会的心理的因素影响；对人际关系产生、发展的历史研究以及对形成人际关系的条件的研究，随着社会的发展将有助于我们深刻认识它；探究人际关系对人类的影响，有助于我们探寻人际关系的客观规律，了解和预测人际关系的发展趋势。

当我们从不同的视角或依据不同的标准来分析人际关系时，可将人际关系划分为不同的类型。如按内容划分，有经济关系、政治关系、道德关系、法律关系、宗教关系等。按纽带划分，有血缘关系、地缘关系、业缘关系、趣缘关系等。按其他形式划分，有不同性质的关系、不同特征的关系、不同倾向的关系、不同程度的关系等。不同理论对人的认知不同，对人与人之间关系的内涵和外延的认知也不同。

经济人的概念来自亚当·斯密《国富论》中的一段话："每天所需要的食物和饮料，不是出自屠户、酿酒家和面包师的恩惠，而是出于他们自利的打算。不说唤起他们利他心的话，而说唤起他们利己心的话，不说自己需要，而说对他们有好处。"西尼尔定量地确立了个人经济利益最大化公理，而约翰·穆勒在此基础上总结出"经济人假设"，最后帕累托将"经济人"这个专有名词引入经济学。

显然，按照梅奥的观点，从人际关系角度而言的人，不仅仅是"经济人"那么简单，确切地说，应该是"社会人"。通俗来理解，人对于人际关系的寄托，不单纯是经济利益的计较和需求，还包含了一切人在社会中生存所需要的一切需求因素，比如说情感上的寄托、心理层面的安全感等。

当我们从商业社会的语境去探究人际关系，我们似乎更像是选定人的"经济人"属性，并从这个角度去分析人际关系与个体商业利益之间的莫大关联。无疑，在这种现实语境中，人的"经济人"属性是成立的，甚至居于核心位置。

但在人们日常的商业活动中，人的"社会人"属性因素无可避免地在凸显其影响力。比如上文提到的，商品传播中最核心的不是商品信息本身的传播，而是信誉的传播；而建立在人与人之间的信任，显然超出了经济属性的范畴。再比如家庭主妇每日去楼下最近的社区小店购买日用品，这种建立在地缘上的人际关系也是人的"社会人"属性的表征。

也就是说，在现实的商业社会中，尽管我们讨论问题的出发点都是从个体的经济利益出发，但我们必须把对人和人际关系的观察眼界从"经济人"的范畴放宽到更广的范畴。这意味着我们必须超越梅奥对于人的"社会人"定义，追溯到马克思对于人本质定义的层面上来。

此时我们便会发现：人的一切印证其存在的社会关系中的人际关系因素，都能为其在现代商业社会中的经济利益带来影响。当我们具备了这个认知，对于人际关

系与商业利益的定性、定量探究活动反而变得简单。

实际上，不管一个人有多么八面玲珑，多么善于处理人际关系，也不管一个人获得多大的世俗成功，他的人际关系管理都是有限的。所以有人感叹说："微信好友超过 600 后基本上就看不过来朋友圈了，真好奇那些一千两千个好友的人都是怎么刷朋友圈的？"

从微信这款产品的得失来说，这也是一个有趣的问题。实际上，每个人从最初使用微信到后来使用习惯趋于稳定，其微信好友的数量都处于一个稳定增长的态势，朋友圈上线的一段时间内，一个人的微信好友数量可能尚未超过其人际关系管理和内容管理的负荷。但随着好友数量的增长突破，问题开始显现，也就是说内容和用户的过分增加反而会对朋友圈这一产品场景和形态形成副作用。

我们可以估算如下，假如每位微信好友每天只发一条朋友圈，阅读一条平均耗时 10 秒，1400 人就需要耗时 14000 秒，即 233 分钟，接近 4 小时；如果有 2% 的微信好友每天发送一条信息过来，阅读和回复一位好友平均耗时 60 秒，一天又要占据大约 30 分钟，这还没有算多达 500 人、少则几十甚至上百人的微信群……

在正常情况下，要想维护好这些微信好友关系并阅读全部朋友圈，几乎是一件不可能完成的任务。一位普通的微信用户在跟朋友聊天时说："现在基本不（深度）看朋友圈了，只能偶尔刷、随机刷。脑海里无数次想对朋友圈内容做一个单日统计和分析，可是早上七八点起来就发现，要看大约一小时才能把当天零点之后发布的内容看完，已经崩溃。"

信息的过渡泛滥造成了接受超载，进而导致了另一种信息荒漠化，这也正是微博这款风靡一时的社交产品从红红火火最终走向冷清的最根本原因。

那么，一个人拥有多少微信好友"最适合"呢？或者说，一个人人际关系的定量承载的边界在哪里？

要想探讨这个问题，英国学者罗宾·邓巴（Robin Dunbar）的"150 定律"是绕不过去的。他是牛津大学的人类学家和心理学家，后来转到伦敦大学学院任教，过去 20 多年曾耗费大量精力研究"一个人到底需要多少个朋友"，研究结论简化如下：

人类智力 / 资源允许 TA 拥有稳定社交网络的人数接近 150 人（精确数字是 148.4 人）。

这 150 人统称"随意朋友"（casual friends），你会邀请他们出席大型聚会那种；其中，150 人中的大约 50 人是"亲密朋友"（close friends），你会邀请他们共进晚餐那种，你可能跟他们经常见面，但在你心中他们还不是"真正亲密的朋友"；50 人中的大约 15 人属于"信赖朋友"，你会跟他们互诉衷肠，在你失落时愿意向他们寻求安慰，在大多数事情上你都信赖他们；15 人中的 5 人属于"亲密支持朋友"，他们是你最亲密的亲友，你对他们几乎毫无保留。

鉴于社交网络兴起对于人际关系的影响，邓巴教授也与时俱进做了一番研究。他的研究结论指出，社交网络好友 500 人属于"熟人级"，一旦到达 1500 人，可能多数就属于只能见脸叫得出名字的点头之交。当你的社交网络好友停留在一定量级时，好友是"流动性"的，比如，这 5 人这周是你的好友，下周则换成另外 5 人。

最重要的是，他认为社交网络的便利性虽然让人们的好友人数可以轻易增长，但“150定律”依然适用，且这个定律也适用于企业和其他团体。

美国加州大学伯克利分校的莫腾·汉森（Morten Hansen）教授对社交网络结交好友问题也做过研究，结论是社交网络有力地加强了合作，强化了人际关系并促进了商业产出。不过，当他进一步研究好友人数时，发现“150 定律”仍旧非常管用。美国印第安纳大学、密歇根州立大学学者的这类研究，也得出了差不多的结论。当然，学者推算的“最合适 / 稳定的社交网络好友人数”并不一样，但主要在 100 人 ~ 200 人这个区间。

邓巴教授的研究还指出，尽管社交网络为交流和分享提供了前所未有的便利，但友人之间的面对面交流是不可取代的，比如面对面一起欢笑、跳舞、吃饭、看电影甚至打呵欠……社交网络没有面对面的交流，无法带来深层的情感连接。真正稳固的信赖关系需要时间、精力的投入，但每个人的资源都是有限的，如果你试图平均分配自己的资源，所有社交网络好友关系都将偏向弱关系；反之，你可以遵循“150 定律”——你会花 60% 时间和精力去维护你 5 位、15 位“真正好友”的关系，40% 甚至更少时间和精力留给剩余的 135 位“点头之交”。

邓巴教授的研究还在进行，因为社交网络时代出生的孩子还在成长，这些早年就接触和接受了社交网络友谊关系的孩子，大脑发育和思维模式是否跟长辈一样？长大后的“友谊模式”及“友谊极限”是否会突破“150 定律”？现在还是一个未知数。

一个令人忧心的问题是，网络社交的发达对于现实人际关系的影响，可能跟一般所想象的恰恰相反。如果一个人花更多时间和精力在虚拟的社交网络上面，势必会减少现实生活中结交好友的时间和精力。对此，邓巴教授根据早期研究得出的结论是：如果越来越多“虚拟世界朋友”取代“面对面朋友”，那么，“150 定律”就将越来越缩水——也就是说，我们的子孙，未来拥有的朋友人数可能要远低于 150 人。

如果说关系就是生产力，那么似乎可以说，网络通讯的发达看似是提高了社会效率，但实际上却反而降低了这种生产力。在个体的经济活动和商业利益层面来说，一个人的经济利益归根结底来源其人际关系，那么这种网络社交的负面效应就体现得更加明显。

似乎无论是从宏观经济的层面来说，还是从个人利益的微观层面来说，前互联网时代的网络都造成了一定程度上的社会破坏性，而这种破坏性的根本来源正在于人们对于传统流量思维的追随。

当我们回到世俗商业的微观场景重新建构对人与社会、人与互联网、互联网与社会的认知时，当我们摒弃冰冷的工具理性、放弃对互联网误入歧途的迷信和膜拜、重拾本真人际关系的力量时，一个崭新的世界将同时存在于浩瀚世界与个体星空。

第二节　社区商圈的流量图景

曾几何时，对于选择开店做生意的人来说，在哪里开店是其所面临的头等大事。“一铺养三代”的说法成为人们的投资金句，似乎买“旺铺”成了一劳永逸的投资法门；但开发商和投资者的遭遇似乎正提醒着人们传统投资观念到了需要更新的时候。这种转变，在互联网和电商的双重冲击下，形成了断崖俯冲式下滑。

看起来，选址对于做生意来讲已经成为一个不再那么重要的问题。然而，当我们从选址的实质上来看，也许会发现事实并非如此。开店选址，本质上是对人群定位和人流量的判断和选择，比如说，在一所小学的旁边，选择开一家教辅资料的书店依然是明智的选择。

在互联网的时代，线上的便捷和消费场景的转移，看似颠覆了这种线下思维。然而当我们从人流量的角度来思考问题时，我们会发现电商平台反而是这种选址原则的生动体现——很简单，人们想在淘宝开店的唯一原因，就是这里人流量聚集。

个体店选址毕竟是微观层面的问题，当我们从更加宏观的层面去看待这个问题，可以对时下商圈形态做出一些新的解释。

首先，我们如何界定商圈？商圈，是指商店以其所在地点为中心，沿着一定的方向和距离扩展，吸引顾客的辐射范围，简单地说，也就是来店顾客所居住的区域范围。无论大商场还是小商店，它们的销售总是有一定的地理范围；这个地理范围就是以商场为中心，向四周辐射至可能来店购买的消费者所居住的地点。

显然，一定辐射范围内人流量的聚集程度，是我们判断一个地域是否能称得上商圈的唯一指标。如果紧紧抓住这个本质要素，抹除线下与线上的边界，一个电商平台也可以被认为是一种商圈复合体。

从这个角度而言，我们可以依据流量的聚集特征将商业宏观形态分为三种“圈”的概念：线上商圈、城市商圈、社区商圈。这种分类逻辑更像是从现实向理论的逆向推导；它的现实意义是，从这样的分类中我们可以清晰地看到时下商业竞争的格局特征。

曾几何时，线下实体店的倒闭狂潮让人们见识到了电商的威力，对于那些传统生意的线下经营者来说，更是谈电商而色变。但随着电商的发展，人们发现另一股线下投资的流行风潮开始兴起，甚至引起电商的恐慌与直接介入——那就是社区商业投资。对比之下，我们可以惊奇地发现，倒闭的线下实体多位于城市大商圈，而你所居住的社区里的小店面依然过得滋润而无忧。甚至，社区商圈已然构成电商之外冲击城市大商圈的第二股力量。

虽然电商大佬们频频夸下海口，但电商的终极野心似乎始终无法兑现。在可预见的未来，以流量库为核心竞争力的三类商业圈之间的竞争格局，将达成一种新的平衡、升级和互补。

互补，正是这种平衡默契得以达成的最根本原因。

城市商圈的优势在于其体验式情景、高端化精品化走向、大宗消费特征；社区商圈的优势在于其日常居家需求满足、社区服务本质属性、物美价廉的特征；而电商的优势在于其商品挑选便捷性、购买时间成本的节省。

每一种商业圈形态的特征都是其他两类所无法替代的。当我们从个人流量的角度来重新梳理线下与线上商业生态，便会发现社区商圈的典型性愈发突出。在国家治理和社会管理理念、政策越来越倾向于基层的情况下，社区商圈在商业社会越来越占据主流位置。

社区商业是以一定居住地域为依托，以便民利民为宗旨，以不断提升居民生活质量为目标，为社区居民提供日常物质生活、精神生活所需要的商品和服务的属地型商业。随着城市的不断发展，新型的社区大量涌现，面对新的需求，应有定位准确、层次分明、功能完善的社区商业，这对促进地区经济增长，适应消费观念的变化和扩大内需，应对国际商业集团的挑战具有十分重要的意义。

2003 年的国内零售市场生态中，大超市、大百货、大卖场势头较旺，就在中外零售巨头纷纷瞄准大型超市、购物中心等大业态展开激烈竞争的时候，还是有很多零售企业把矛头瞄向了社区这一新的商机。社区的生鲜超市、24 小时便利店等，正以一股不可抗拒的冲劲开始抢食国内零售业的市场份额。物美、华润、金象大药房、普蓝德洗染店等一批知名品牌的连锁企业已润物细无声般在社区悄然地扎根。社区商业已成为服务业中新的经济增长点；发展社区商业可以方便居民生活，同时促进就业和经济发展。社区商业已成为地区经济发展的重要力量。

根据国家统计局的数据显示，2012 年末城镇人口占比 52.6%，人口总数超过 7 亿人。即使这样，我国的城市化水平仍不高，发达国家城市化率都高于 95%，中等发达国家城市化率已经达到 85%，这意味着中国的城市化还有很大的发展空间。

传统意义上的选址开店，一般都会瞄准市中心商业圈、各大购物中心、百货大楼；整个城市的商业中心也就那么一两个，只要进驻了顾客就少不了；好处一大堆，数也数不完。但随着城市的不断发展，一个城市、一个中心的格局逐步发生着改变。城市的中心化已经愈发淡化，随之而来的是各个商圈的崛起。在一线大城市，已经逐渐建立多商圈模式。每个区域都有自己的中心，并且还越来越细致，甚至逐步细化到以社区为单位的程度。在这种大环境下，社区经济随之而生。

在城市化的进程中，社区已成为城市居民居住、生活的大平台，同时也是创业和就业的沃土。社区服务也不再局限在看门、搞卫生和修修补补等基础内容上，而是出现了更加专业的多元化服务需求，这给社区创业者提供了机遇。

社区商业一般分为内向型、中间型和外向型。内向型社区商业主要是住户购买，大多用于居住，外向型则偏投资客购买，中间型则介于两者之间——住户与投资客各占约 50%。

社区商业的业态格局在业内被戏称为“五菜一汤”，即超市、便利店、洗衣店、银行、餐饮和医疗。上述三种不同类型的社区商业格局分布比例大相径庭，外向型社区商业更多侧重于超市、餐饮和休闲等，有些外向型社区商业会建社区 MALL，俗称“邻里中心 MALL”，其服务半径较大，周围常住人口大多超过 10 万规模；中间型则约 50% 业态为超市和餐饮；内向型则更强调医疗等服务配套型业态。

社区商业与常规商圈的业态分布明显不同，比如社区 MALL 面积在 2 万 ~5 万平方米，明显小于 10 万平方米以上的核心商圈 MALL；社区商业辐射范围约 1.5~2 公里，而核心商圈辐射范围是其数倍; 核心商圈项目的餐饮占比若达 30% 已属很高，但有些社区商业的餐饮占比高达 40%；而核心商圈占比可达 30%~35% 的服饰和鞋包等业态，在社区商业占比会下滑 10% 左右。

社区商业内的业态分布、比例和招商顺序时常与核心商圈相反，而所谓在 1.5~2 公里范围内不设同系品牌店以避免内部竞争的规律在社区商业运作中也被打破，一些看似难以在普通商圈生存的品牌反而在社区商圈活得“如鱼得水”；你甚至难以想象，社区商业的“主力店”可能是一家医院或一所学校。

以重庆市为例，早在 2015 年之前，重庆市商委便已将以便民为核心目的的社区商圈建设纳入了城市商业建设的重点工作内容，并编制了社区便民商圈规划，按照服务人口 1 万人以上、服务半径 1 千米以内的标准来规划社区便民商圈。在此基础上还提出了社区商圈的一系列建设标准:“居民出家门步行 5 分钟左右，就可以到达便利店、便民店 (食杂店)、早餐店等 ; 步行 15 分钟，可到达社区便民商圈的社区综合超市、菜市场。”

在商业建设上，该市将社区商圈的业态分为“标配”和“选配”两种业态。

“标配”就是和老百姓生活最为相关的，如社区综合超市、标准化菜市场、餐饮店 (含早餐)、家政服务等，还有代收代缴、配送服务、订购服务等便民服务。

而“选配”就是为了提高这个区域的商业品质，让老百姓能有更多选择的余地，尽量“少跑路”，如金融服务、茶楼咖啡、酒吧花店、足浴保健、文化娱乐、休闲健身、图书音像等。

“标配的业态必须达到 10 种，选配也得达到 2 种以上。”商委人士说。有 1-2 个面积 1000 平方米以上、经营品种 5000 种以上的社区综合超市，1 个 1000 平方米以上的标准化菜市场（生鲜超市），3 个以上餐饮店（提供早餐服务，至少有 1 个 500 平方米以上），5 个以上便利（民）店、美发店，这才是一个“合格”的便民商圈。其中，“标配”型业态连锁网点占必备型网点总数 30% 以上、连锁经营比重 30% 以上。

耐人寻味的是，诸如此类的社区商圈在建设和管理权责上，有着明显区别于传统城市大商圈的特征。以重庆为例，社区商圈和街道社区有专人管理，进而建立了一个由街道社区、物业公司、重要商户、居民代表组成的商业、物业统一管理的管理机制。此外，还有义务监督员和监督投诉电话，定期对满意度进行公示。经营者与物业管理公司、产权人签订了规范经营合同并严格执行，实行准入和退出管理。

甚至还邀请人大代表、政协委员监督。

这种由行政牵头、市场发挥主体作用、居民参与管理的极富中国特色的社区商圈建设模式，显然对个人流量理论在社区的落地有着格外的正面关联。

城市大商圈，人与人之间的关系单纯建立在商业供需和利益交换之上，这种商业结构里的人际关系处于一种松散和流动的状态。

而社区商圈的建设模式，则因与社区生活与治理有着较高程度上的重合度而带上鲜明的组织化特征。换言之，这种商业机构里的人际关系，不止是商业性、市场化的，也是社会性、社区化的，从而呈现出一种城市大商圈所不具备的强关系、类型化关系的特征。

据有关资料显示，在未来的 10 年中，我国社区商业的消费将占全社会商业零售额的 1/3。2002 年上半年以来，全国社区商业的迅速发展引起了业界的普遍关注。仅上海市社区商业的零售额就达到了 600 亿元，占全社会零售额的 30%；在北京，2002 年上半年就有 17 家营业面积在 500 平方米的商业企业走进社区。

社区商业成为新的商业增长点。由于城市空洞化日渐明显，而居民就近消费习惯的形成，使中心商业街空壳化也变得越来越明显，这无疑使内城相对集中的零售业面临困难。另外，近几年迅速发展的超市、便利店取代了百货业态的一些功能，加之零售业态之间、业态之内争夺消费者的竞争越演越烈，一些精明的商家已从大商场云集、狼烟四起的商战中转战来到社区这一平静的港湾，以寻求更大的发展。

具有清晰的“五菜一汤”格局、不乏特殊主力店的社区商业，最终体现出的是巨大的溢价价值。社区商业“小而灵活”的模式能带来交易便利，这是很多开发商在开发过程中大力打造社区商业的根本原因，因为其便于出售、便于成交，能为整个项目带来更多的利润和现金流。

业内普遍认为，社区商业可通过主力店带动、主题概念、附加空间和营运模式来体现溢价。主题概念的带动与主力店类似，以北京五彩城来看，史努比乐园让这个偏远项目获得较好人气，有业内信息显示，其相关住宅的每平方米售价比周边高出了 20%~30%。

第三节　品牌时代与个人觉醒

伴随着商业和技术的进步，每个个体自身都在发生着深刻的变革。这种变革是全方位的，体现在商业、社会和文化等各个层面，最终又以最表象的方式在商业的场景中集中体现。

从抽象的整体性需求层面而言，根据心理学中经典的马斯洛需求层次理论来看，人的需求是不断提高的，从生理需求满足、安全需求满足、爱与归属等社会性需求满足、尊重需求的满足，一直到自我价值实现的满足。这是一个需求不断得到满足，并不断提出更高需求的过程。

经过改革开放 30 多年的努力，多数民众的生理需求已经基本或部分得到满足。但满足了温饱问题的民众对生理需求的标准提高了，洁净的空气、无污染的水、舒适的住房条件、良好的医疗条件、宜居的自然环境等成为新的需求；同时，安全的食品、安全便捷的交通、安全的生产环境、有效的灾害防范等这些安全需求与生理需求并行出现，每一项都不容忽视。

从近年来的调查看，安全需求已成为民众反应最激烈的需求，因此，人们的安全需求需要更高标准地给予满足。在安全感调查中，人身、财产安全已经成为安全的基本保障，食品安全成为最受关注的内容。如这些年来，社会性的食品安全焦虑、环境污染焦虑正在成为全社会普遍的情绪，同时，民众对于隐私安全、环境安全的要求也在进一步提高。可以看到，近年来发生的许多群体性事件都是因环境污染或担心环境被污染而引发的。

随着中国改革开放进程的不断推进，全球化进程的不断深入，信息化步伐的不断加快，民众接触新知识、新理念的机会加大，民主意识、权利意识、政治参与意识增强。加之经几十年的发展，社会已经形成差异化，不同群体的需求也呈现差别化，尊重与认同需求、个人发展需求已经成为新的必须给予满足的需求，这些原本属于马斯洛理论中更高层级的需求已经普遍化。多层次、更高标准的社会性需求不仅给政府的民生工作提出了新的挑战，也为后互联网时代的商业生态观测提出了新的路径。

从商业需求的角度而言，我们可以从品牌的发展中窥见中国消费者的消费理念的变化。

在计划经济时代，大多数城市居民的工资都只有几十元，家庭的支出结构相当固定，购买了凭粮票供应的粮食，凭布票供应的布料和衣服，凭票供应的肉、油、蛋、鱼、火柴、麻酱等日用品之后，家庭收入就所剩无几了。与这种典型的商品短缺和供给制相对应的，是生活必需品在居民家庭的需求和支出结构中占据主要地位。

但到了 90 年代情况就完全不同了，人们议论日常生活开支时经常提到："现在每个月吃饭用不了多少钱"。这意味着中国的供求结构正经历着一场变迁，即从以生活必需品的生产和消费为主的时代转变为以耐用消费品生产和消费为主的时代。耐用消费品的生产和消费开始成为人们日常生活的主要内容，而生活必需品的生产和消费则退居次要地位。

随着市场经济的大发展，人们的消费水平和商业的繁荣程度发生着日新月异的变化，供需之间不再停留在刚性需求的层面。就拿服饰行业来说，在女装市场你很难找到每年重样的同一款式的服装。服装早已不再停留在保暖的层面，在人们对服饰的选择过程中，精神层面的审美需求已经大大超过物质需要。

在每个行业，同质化需求的产品可能存在成百上千款，每一个品牌都有着非常可观的全国性市场，这得益于品牌理念的成熟和盛行。

什么是品牌？湖南著名品牌策划大师、"人文品牌推手"古湘先生认为，品牌实质上意味着其与受众之间的精神层面的相互认同和连接。人的生理需求很简单，但人的心理需求层出不穷且千变万化。比如说，你生活在一座城市，你对住的地方就有很多讲究。人的生理需求就是衣食住行，复杂就复杂在人有精神需求。为什么这么多的品牌诞生在这个世界上，就是因为它迎合了人们的精神需求。只要你的心灵有一个需求的缝隙，品牌就会钻进去，从而形成一种他提供，你得到满足的互动关系。

当一套走心的内容通过商标来承载并扩散时，就形成了一个品牌。围绕一种特定的需求，有独特的一群人，我们就称之为“目标人群”；当他愿意为这种需求买单的时候，我们就称之为“目标消费者”。

湖南本土著名美妆品牌“你好漂亮”，正是古湘一手运筹起来的。用古湘本人的话说，这个品牌名包含了品牌对女性的欣赏和赞美的态度。其实它的业务并不复杂，就是洗脸、洗头、洗澡，但是从精神需求上讲绝不是这么简单，作为一个美丽行业它所供应的是一种信心。

2004 年以前的电视广告看起来有着千篇一律的枯燥感，大部分广告的惯用手法都是通过功能差异的放大来满足刚需。而随着品牌理念的愈加成熟，广告开始大张旗鼓地贩卖情怀。

比如，曾在中国收视率最高的电视台湖南卫视红极一时的聚美优品广告，它的成功绝不仅仅是因为双代言的大胆创新尝试，更在于其主创者陈欧拉风的台词和 pose 无一不与这个时代年轻人的个性释放需求深度契合。

再比如著名化妆品品牌“自然堂”简练的广告语“你本来就很美”，在层出不穷、名目繁多的化妆品品牌中，以一股清新之风与爱美一族产生深度心灵共鸣，更隐约传达出以近于素颜美的产品效果特征，颇有逆潮流而动的意味。

诸如此类的品牌成功，无一不证明社会的整体性需求已经从物质层面上升到精神层面。在这种需求氛围里，我们惊喜地看到，在原本庸常的消费市场里，越来越多的人愿意为情怀买单。

中国的千禧一代（1984 年到 2000 年出生的人）在这方面尤其具有影响力，而且这种影响力还将继续增长。目前，16 岁到 35 岁的人占了中国人口的近 1/3，尽管他们与美国同龄人相比消费力水平稍低，但据高盛公司预计，今后十年这一群体的收入将增加 3 万亿美元。

他们买的东西跟他们的父母不一样。更多的中国年轻人愿意选择体验和生活方式类的支出，而不只是购买有形商品，比如旅游和娱乐正越来越受欢迎。目前，中国年轻人花在“乐趣”上的钱占总体花费的比例仍不到 1/10，而在美国和日本，这个比例都是 1/6。这说明，像携程网、去哪儿网等在线旅游公司以及大连万达这样的购物中心开发商（其购物中心强调娱乐性）今后将不断受益。

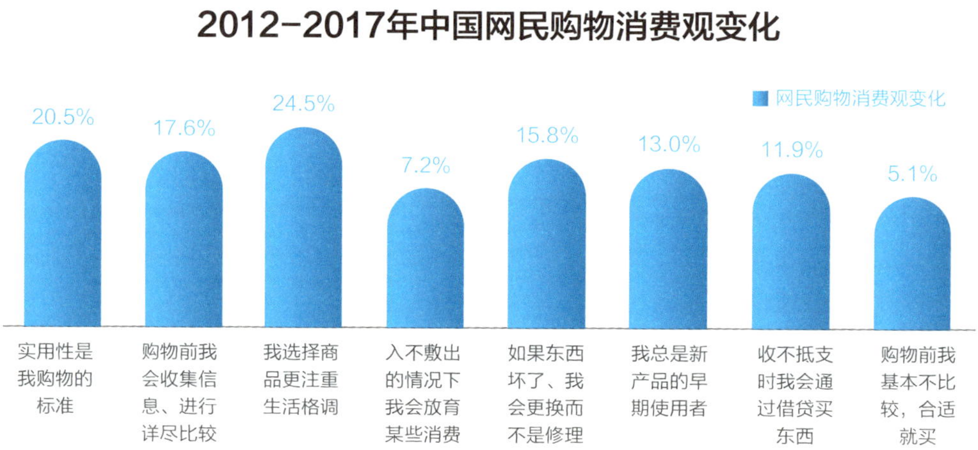

锤子手机的粉丝未必对锤子手机这款产品的品质一清二楚，但他们愿意为罗永浩的理想主义买单；《魔兽世界》上映首晚，很多 80 后赶夜场也要在第一时间观影，毕竟这是他们玩了十多年的网游首次以电影的方式被搬上荧屏；同样，以西游记为题材的电影被拍了又拍，每一次都在票房收益上至少有着风险可控的预期，因为它几乎是全中国中壮年以下人群的童年回忆。

在消费需求升级之外，人们的消费习惯也在发生深刻的变化。比如说，迎合大众消费理念的转变，体验式营销开始引领线下经济的潮流。在 10 年以前，服饰行业一度遭遇电商的强烈冲击，而此后却呈现出一股回流的势头。相比于网上下单的便捷，人们更愿意转车前去河对岸市中心最繁华热闹的 Mall，辗转于各大品牌服装店不厌其烦地精挑细选。

倒退十年，如果一部新片上映，很多人的第一做法是在网上找下载，或者买盗版碟，那时候院线新片盗版流出比现在快。现在即使有盗版，更多人也逐渐意识到应该到电影院去体验更棒的视听享受。

这种消费场景和习惯的逆向演变，显然并不是因为公众尊重版权意识的觉醒，而来自于观众从自身体验出发的选择。为了获得更充分的体验快感和消费价值，观众愿意花钱买票看电影了，这对于电影行业来说是最为惊喜的一个变化。

以开源节流为基本理念的朴素的理财消费观念正在发生着质的变化。市场经济的发展使得人们对消费的理解变得更开放、更包容。一个显著的现象是，贷款现在已经成为我国国内的主要消费方式之一。

毫无疑问，“超前消费”使得消费者可以把原本集中于某个时间节点上的金钱压力分摊到延续时间较长的还款期内，用分期的形式使消费需求和个人收入水平达到平衡状态。

而据南方都市报金融研究所 (NDFRI)、融之家联合发布的《2017 年消费金融行业报告》显示，高达 43% 的受访者愿意通过借钱或贷款来满足消费欲望，超过 70% 的受访者考虑申请金额机构的无抵押贷款，远远超过选择向亲戚朋友借钱的人群比例。另一项针对都市年轻人的调查则显示，57% 的受访者“敢用明天的钱”，48% 的人称自己“不会因为负债消费担忧”。此外，一份更加能够体现现实情况的调研表明，在 2016 年期间 69.55% 的消费者的借贷次数为 1 ~ 5 次，14.73% 的消费者借贷次数在 5 次以上（不含 5 次），从未尝试过借贷的消费者仅占 15.72%。可见，贷款消费的方式正在被越来越多人接受，年轻一代更是其中不可忽视的重要群体。

当下消费金融已成为新兴事物登上时代舞台、80 后 90 后年轻人开始成为消费市场的主力军。尽管曾经出现不少担忧的声音，但很令人欣慰的是，随着年青一代对消费贷款了解认知得愈来愈深，信用问题得到了更多消费者的重视，越来越多的人能够自觉维护诚信。而这必将推动资本的良性循环，让消费金融背后真正的价值得以凸显。

短短数十年时间，中国社会完成从农耕社会到工业社会、现代社会的嬗变，在千禧之年的商业图景里，呈现出赶超欧美发达国家的欣欣向荣趋势。这一方面来说，固然是拜消费主义的西风东渐所赐；另一方面，也悄然隐藏着被商业外衣裹挟的社会人文运动。

关于这个社会需求从物质层面向精神文化层面跃迁的复杂过程，表面上看起来不啻为一场商业社会的宏大历史叙事，本质上却是每个具体鲜活的个体对于自身内在需求的深刻发现和觉醒。

在自我需求觉醒的同时，个体的社会人格发生着结构性变化。尤其是年轻一代，他们意识到自身除了扮演工厂里的工人之外，更是一个有着丰富情感和爱好的个体。如果说 80 后多多少少还带有一些传统的印记，那么 90 后则明显呈现出为社会所公认的多元化发展势头。

他们不再像他们的父辈一样，甘愿拘泥于朝九晚六的工厂生活，不再轻易服从按部就班、充满权威色彩的工作指令。老一辈市民以拥有工人的角色来获取城市生活最基本的安全感，年轻一代则拥有充分的自由免于这种被下岗的恐惧，从而敢于任性地主动让自己失业，选择去远方或者干脆自创事业。

在任何一个时代，个人从未变得如此重要。微博的话语形态，让每一个中国人经过了话语去权威、去中心的洗礼。加之相对更加开放的言论空间，每个人都感觉自己的声音有可能被全世界听见。

从人的社会属性而言，个人的自我觉醒，必然导致个体社会关系的变化。职业生活的去体制化、互联网的快捷通讯和充分连接、线下社交场景的丰富，等等，让年轻一代的人脉圈更加富有层次性和扩展性。

在粉丝经济和共享经济这些时新理念的怂恿下，越来越多的人敢于拥有将自身打造成品牌的梦想。短短一两年的时间，层出不穷的直播平台简直是为这些敢于做梦的年轻草根达人量身定制。这意味着你所在的小区也许就住着不止一名网红达人。

未来或许还未到来，却仿佛已经在每一个人的心中广播着一个预言：这是属于个人的时代！而这有着另一层寓意：对于个人，未来已来！

第四节 属于庶民的流量宝岛

从商业传播的角度来说，社区有着原初商业状态下最基本的商业传播架构和场景。社区商家得以像几千年来的生意人们那样，受益于店门口的人流量，从中找到潜在客户和回头客。品牌商往往选择将社区作为线下地推活动最重要的场景之一，互联网平台也纷纷抢夺这一最世俗化的流量入口。

无论城市商业与线下经济将如何裹挟时代创下一个又一个商业神话，社区的商业价值仿佛一直岿然不动，它淡定地注视着人类商业的去而又返。

尤其是随着城镇化的快速推进和社会治理理念的成熟，社区人口越来越集中化和规模化，社区越来越成为人们最重要的生活场所。设在居住区内人流集中地区的社区商业中心通常的单位服务人口为 3 万至 4 万人，商业服务网点数在 20 个以上，包括超市、菜市场、便利店、餐饮店、药店等，具备购物、餐饮、修理、理发、洗衣、家政、再生资源回收等功能。

和购物中心要招主力店一样，社区商圈也有主力店。只不过社区主力店有时并非品牌店，而是一些让你意想不到的业态，比如医院、学校，甚至是一条跑道，这些业态同样承担了作为主力店能聚集人气的责任。我们从这些主力店的经营情况上可以窥见社区流量富集的典型效应。

一家开发商曾在昆明做过一个社区商业项目，该项目离主城区比较远，也没有特别好的资源，如果想完全从住宅上突破区域价格基本没戏，其没有好的景观且本身体量不大（只有 86 亩），住宅想突破周围的平台价格基本没有可能。后来开发商发现，很多顾问公司和销售公司忽略了当地的一家儿童医院和公交总站的价值。经过调研得知，儿童医院每日看病的人流量基本是过万的，于是得出儿童医院就是主力店的可靠结论，并将当地十几万平方米项目面积拆开，配套做了儿童餐饮、零

摄影 / 龙阿辉

售等业态布局，结果大获成功。

正因其将儿童医院作为主力店，借力儿童和家庭客源仅用 2 个月就把 1000 平方米的麦当劳招入项目内，也因为招到了麦当劳，当其拿着这个合约再去找沃尔玛时，沃尔玛出于对麦当劳选址的认可也入驻了，进而拉动了一大批商户入驻。

由此可见，社区商业主力店是与居民生活非常贴近的业态，能在整个社区商圈内聚集人气。因此除了医院，学校也成为社区商业主力店业态之一。这在本质上与城市的大商圈的主力店和电商平台的爆款引流产品并无二致，重要的是，这说明社区已经构成一个近乎最低成本的流量入口。

社区流量规模加上主力店引流，让大型开发商找到了社区商圈的巨大潜力和价值。本质上，就是社区商业需要有吸引人流的主题，由这个主题招募更多商业实体。

你或许想不到，有时一条跑道也能担此重任。万科现在试水社区商业，其在某个项目中尝试做了一条数百米至 1000 米的跑道，概念是健康生活。但其实这条跑道非常有商业价值，围绕这个运动精神可以标签化招商，将迪卡侬、耐克等运动品牌店甚至工厂店都招入。

北京五彩城社区商业的主力“核心店”则是一个公园——史努比乐园。该项目位于北京五环区域，位置较偏。为吸引人气，开发商华润投建了史努比乐园，开园当日客流量即突破 7 万人，而该乐园也成为长期给当地引流的重要“法宝”。

诸如此类常规商业手法所取得的成功，无疑不在传达着一个信息：社区是财富的聚集地，消费的真场景。

2016 年中国家庭总财富超 160 万亿，里面 57% 是不动产，43% 是金融资产。这 57% 不动产将近 100 万亿的资产就沉浸在社区里面。北上广深约有 8 万个成熟的社区，7 千多万的人口，还有约 18 亿平方米的住宅，约 1400 万辆车——中国最大的财富就在社区里面，所以说不要把社区理解为纯粹是居住的地方，它是一个财富的聚集地。

社区除了是财富的聚集地之外，还是消费的真实环境。社区里面有吃住行，现在外卖都要进社区。就居家养老而言，社区也是很重要的地方。由于个人需求的觉醒与升级和商业竞争的更加激烈，人们对服务的敏感程度和商家对服务的深入程度在互动中形成热闹非凡的场景。

服务对个体心理需求的重要程度，甚至大于产品所提供的社会本质需求本身。也就是说，开发商和品牌商可以依赖这一重要的社会变化，绕过品牌和产品的常规市场操作通过周边服务打开一片新天地。

再如互联网金融机构中民普惠，不仅通过服务与社区里面的家庭建立了互相帮助的关系，同时与上海多家口腔医院建立了合作关系，客户通过中民普惠去这些医院可以得到实惠。依托中民未来的资源，中民普惠可以触及到近 5 亿平方物管面积下的社区。将服务的触须深入到社区这个真实的消费场景，目的只有一个——做获客。

在金融行业这些服务是银行不做的，创新性互联网机构做的是增量，不做存量。社区金融的特征是直接提供综合解决方案。传统银行不卖服务，社区家庭遇到什么困难银行不会予以理会，但是社区金融会帮助解决。依靠互联网金融大数据，金融平台对社区家庭的基本信息了如指掌，它知道你家里面有你和你先生，或者你太太，你还有两个小孩儿，你有两辆车，以及你的出行情况，这些它都了解。因为了解，所以可以有更好的服务。

遵循这样的社区服务理念和商业模式规划，中民普惠正在如火如荼地搭建社区金融模式。其母公司中民未来合计管理物业面积达到 5.7 亿平方米，项目覆盖 130 个城市，服务近 2000 万人口。未来数年内公司旗下的物业管理面积将超过 18 亿平方米，覆盖人口超过 6000 万。目前中民普惠的直接员工仅约 400 多人，但已与 13 家物业管理公司达成合作，这 13 家物管公司有 5 万多名员工，中民普惠可以协同物业管理公司帮助社区家庭和个人解决困难。

本质上，社区所代表的还是线下的价值。在互联网成为商业追逐对象的十几年时间里，社区的巨大商业价值一度被轻视；甚至，代表另一利益角力者的线下实体经济，也主要依靠城市大商圈场景与线上经济展开角逐。在这个过程中，社区的价值始终没有根本改变。

房屋中介一直是活跃在社区的典型业态，早在 2000 年搜房便以互联网形态进入到了房屋中介领域，虽然搜房网从创建开始就拥有非常可观的流量，但在交易方面仍旧竞争不过链家。原因就在于链家始终坚守地面，而在大多数行业里，地面的成交率一直显著高于线上。

现在地面的价值被重新重视，并开始越来越展现它新的生命力。“线下”越来越值钱了，以至于马云都去跟百联签战略协议。各大银行、各大互联网公司也在找落地的点。线下的东西虽然被戏称为“小卖部”，但小卖部开始值钱了。从这个角度来说，传统银行是永远不会死的。

在社区这个始终存在的消费场景里，线下经济与线上经济可谓你方唱罢我登场。

对于传统线下经济而言，社区的人流量特征显现出与大商圈的显著不同。甚至，这种不同在某种意义上可以被看作社区商圈独特的优越性。就社区而言，其以低成本、稳定的客源而备受商家的青睐，同时又能量化社区居民数量，为精准核算商业成本提供了一个可控的数据源。其实社区就是一个典型的砌块商业模式，可以精确

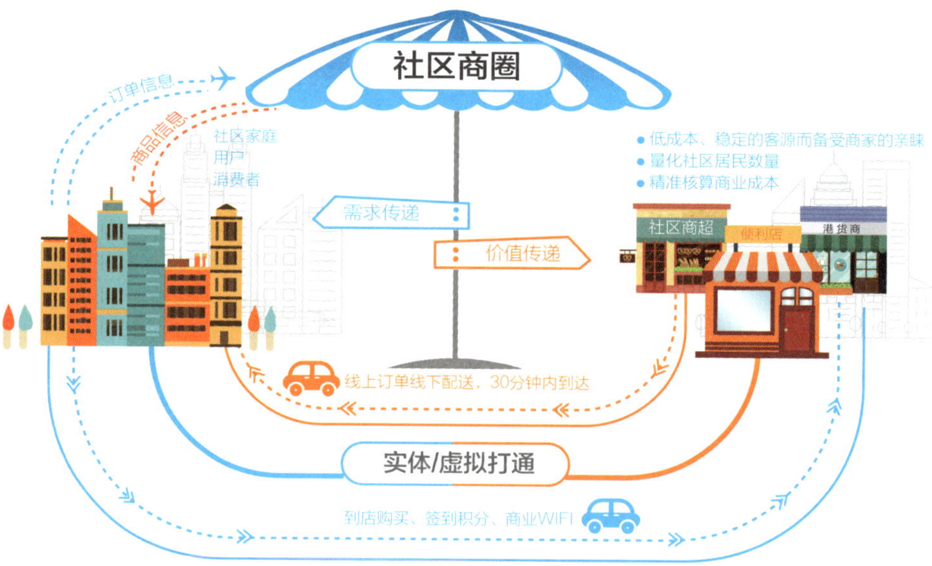

到“点”。

相反，商圈一直以高房租、高电费、高成本而著名，使众多的商家望而却步；又因为其黄金的地理位置和超大的人流量，让商家食之无味、弃之可惜。商圈可以说是一个集中消费点，在大城市中被多个大型的商业中心分割。但是商圈的人流量并不等于入住商家的客流量，想要吸引消费者商家还要使出浑身解数，既要提防同行抄袭又要别出心裁，实在费心。

因为任何一个商业形态都会考虑顾客的黏度，也就是回头率。对于社区来说，顾客与店面、店员、产品之间的亲密度程度会因为购买便利的特点而更高；然而，商圈即便是做了很多促销手段来博得部分顾客，消费者也不会感激。在消费者心中，这是你应该给的。

因为社区商圈高额的购买频次和消费参数的稳定性，我们看到线下经济表现出大商圈所不可能表现出的乍看之下有违商业常规的新情况：为避免内部竞争，通常商家规定 1.5~2 公里范围内不设同系品牌店，然而在社区商圈内同系品牌商家在 1 公里范围内比比皆是，比如上海虹口某小区附近 15 分钟路程内有数家联华、华联、世纪联华、快客等百联系门店。

核心商圈寸土寸金，布点难，但租金低了约一半的社区商业布点相对容易，要抓住居民客源就要将自家品牌布满周边，看似加强内部竞争，可整体上是垄断了某个社区的零售商机。现在社区超市都以占位为先，将对手品牌逼出社区商圈。若整条街都是自家品牌，物流配送等叠加成本几乎为零，足可为线下线上融合的社区 O2O 转型蓄势。

实际上，社区商圈的真正潜力点正在于融合经济的代表作——社区 O2O。

近年来，互联网的迅猛发展、大数据的发掘运用，正从各个方面冲击和改变人类社会的生产方式和生活方式，移动互联网不可阻挡的发展趋势使得 O2O+APP 模式成为电商的重要工具。

若能充分利用大数据发展的优势地位，在 O2O 项目基础上，以社区为基本单元，将与百姓生活息息相关的服务机构、商家都整合到社区 O2O 平台上，并由社区考察、选择有实力的相关大数据产业公司合作，最后以行政区、县（市）为单位，便可将各个社区的 O2O 平台连接成为一个“智慧商圈”。

O2O 最重要的作用是使商家和用户建立“点对点”关系。相比传统电商，O2O 使得线上和线下的边界更加模糊，而以社区为中心的 O2O 模式，则将电商搬到了“家门口”，使得线上线下的联系更加方便快捷。此外，以社区为切入点的 O2O+APP 模式更关注整合中小门店的资源，在保障中小门店利益的同时，也会刺激更多人创业。

“将来，每一个下载 APP 的人都可以基于地理位置，快速方便地获得不同的社区服务，就像口袋里装着一个智慧城市。”社区 O2O 以服务为核心的共识，使其在社会治理和商业运作的角度同时进入商业的视野。

重庆市渝北区商委在全区构建 20 个线下社区便民商圈的同时，还搭建了万能的“一网多用”综合服务平台，这样居民足不出户就可享受到保姆、家电维修、老人生活照料、医疗陪护、紧急救援、缴纳水电气等家庭服务。

上海某社区 O2O 创业 APP，围绕社区线上线下融合服务提出打造“29 分钟”社区新商圈的目标。其建立的“社区商店”可以将消费者需要的快消、百货送达家门。通过互联网平台改变了供应链的“传统贸易基因”，以 B2B 平台为基础，由近千个一线品牌联手打造，为各地掌上社区商店提供日用百货、酒水饮料、休闲食品、粮油干货、生鲜蔬果等数万种商品。整个供应链体系由全国 16 个工厂、近百个省级仓储中心，以及超过 300 个区域的一级品牌经销商和 1000 个城市配送商组成。

掌上社区商店，作为智能社区服务的前哨站，它们实现了虚拟经营与实体服务的无缝对接：29 分钟就可将 600 多种快消品送货上门，为消费者提供最有温度的服务。消费者坐在家里，轻点鼠标，不仅可以将天南海北的蔬菜、水果订货送上门，还能清楚地了解当地的土质、水质有没有受到污染。

社区 O2O 对于线上经济和线下经济同时具有突破性的意义。对于线上经济而言，面临着流量成本的逐步推高、转化率的下降、价格竞争带来的利润空间微薄的问题等。对于线下经济而言，电商的冲击使得万千品牌和普通商家亟待找到新的足以支撑单店客流的消费场景。

但本质上，社区 O2O 仍然是在传统互联网思维的框架里构建一种相对创新的商业操作模式。它同样无法避免互联网经济所固有的症结，尤其是在个人觉醒的时代背景下，这些症结甚至将招致社会抵抗。

无论是线上还是线下，“羊毛出在羊身上”的论断都同样适用。在一个商业社会中，商业象征着隐形的权力，当我们提到商业的变革，往往是站在品牌的角度来思考问题，即便这些财大气粗的利益集团经常喊出惠民利商的口号，但经济资源的集中一直是中国商业社会发展至今不争的事实。

十九大报告指出，我国社会主要矛盾已经转化为人民日益增长的美好生活需要和不平衡不充分的发展之间的矛盾。矛盾的双方是人民日益增长的美好生活需要和不平衡不充分的发展，矛盾的内容是当前阶段的不平衡不充分的发展不能满足人民日益增长的美好生活需要。

这同样体现在商业的领域。每一个居家过日子的人，都期望着能有自己的小产业，能够实现小富即安的生活。尤其是在个人社会人格角色、个人社会需求升级的语境下，人们越来越希望逃脱集体式大办公的牢笼，创造客观的个人产业实现中产生活。商业竞争的白热化却与此南辕北辙。

令人欣慰的是，个人的觉醒同时创造的新型社会关系结构让我们看到，社区这个流量的宝岛本质上不属于任何商业主体，它是属于社区自身的，是由每一个社区居民的个人流量所创造的。通过个人流量的充分合作和延展，我们也许可以找到一种新的流量模式和商业模式，通过平民联盟的方式，重塑社区流量宝岛的价值岛链，获得最终的庶民的胜利。

第九章

个人流量的理论与实践

人人都对这个新世界抱有无比的兴趣，纷纷踮起脚尖伸长脖颈想要一窥新世界真容，为了一场想象中的颠覆，他们纷纷审视起了自己已经拥有的一切和想要拥有的一切，按照各自的想法开始跑马圈地、合纵连横。但是万变不离其宗，当你开始关注变化的本质，而不是变换的结果，你就会越来越深刻的体会到其中的那股规律波。

第一节　个人流量的星星之火

在互联网行业中，“流量为王”这个法则，可以说是人尽皆知。互联网公司的估值模式中，一个很重要的指标就是流量，包括注册用户数量、活跃用户数、用户访问频率等，一个注册用户 1000 万的互联网产品，没有任何的盈利，就可以估值数亿美元，这在互联网领域是常有的事。

在用户数量、活跃度这些指标的背后，是对用户注意力的一种占有。而注意力能够变成一系列的行为，比如：在网站浏览，打开首页，浏览后续网页，点击想要的商品，点击购物车，最后网上交易等。当你源源不断地受到关注时，你便成为一个“窗口”，金钱自会随之而来，流量自会转为商业价值。

移动互联网时代带来的最大改变是人们接受信息、产生信息的场景不再固定化，而是开始“移动”了。我们不再像从前那样，需要在固定的时间段通过固定的渠道来获取信息。当我们随时随地访问到我们感兴趣的内容时，以电视、广播，以及门户网站为代表的中心化传播模式就渐渐失效了，取而代之的是以碎片化时间为主的信息和渠道消费模式。碎片化意味着每个人的选择会有很大的不同，在如此个性化选择的时代背景下，一切基于中心化传播渠道建立的权威，都必将坍塌。而在这个时代崛起的则是自带流量的个人。

这是一个“信息过剩的时代”，也是一个“注意力分散的时代”，如何在“有限的信息”中摘取“有限的注意力”是注意力经济时代的核心命题。正如娱乐圈的明星们时不时地传出绯闻、打几场官司、无非是为了吸引眼球而已，有人关注才有人气，有了人气就会让广告主买单，靠这种套路出名者大有人在。

“网红”就是这样自带流量的个人。目前网红某宝店数百家，粉丝数量达 5000 万。据国金证券测算，以网红雪梨的某宝店铺为例，所售商品平均单价 200 元，年均购买 4 次，流量转化率 25%。测算得出，仅网红某宝电商市场规模就超百亿元。另外，papi 酱等网红直接融资获得的风险投资和广告收入也不容小觑。“如果说 2015 年是网红经济的元年，那么 2016 年网红经济的风口已经到来。2017 年以来，各大网红孵化器大受资本市场追捧。”国金证券分析师魏立表示，网红负责颜值担当，网红孵化器则负责其他所有环节，包括前期培养、粉丝运营等，如培育了网红“张大奕”的如涵科技已融资过亿元。这一切都离不开网红背后的巨大流量。

对于企业而言，在竞争激烈的市场和网络环境中，高度的关注就意味着高知名度，用户消费的时候考虑你的概率就大。无论是百度的李彦宏，还是 360 的周鸿祎，都是自己企业的代言人，都是通过出席各种活动、参加各种演讲来抓取用户眼球，不仅省去广告费，还带来大量的流量。在信息过剩的时代，企业必须具备流量经营能力。

对于个人而言，我们可以看一下如涵平台里面最顶尖的网络达人张大奕。她过去是一个模特，现在是一个微博上的网络红人。张大奕在微博上面有 430 万的粉丝流量，她的淘宝店一共被收藏了 277 万次，也就是说她 60% 的粉丝都会去上她的淘宝店买东西，这 277 万人每个月为张大奕的店要贡献超过 2000 万的销售额。

那么我们再来观察在淘宝上有 2000 万销售额的店，其中 39 家店有超过十几亿的销售额，他们的流量成本是多少呢？他们的淘宝店花了多少钱来获取这些用户流量呢？是零。为什么是零？因为是他们在微博上的粉丝自然而然到她的店里面来买东西。

我们和过去的淘宝店对比一下，淘宝说你来我这里开店不要钱，但是对不起，你想有人来你的店里看一看吗？你要到我这里来买流量，要到淘宝去买流量，淘宝的流量卖到多少钱呢？ CPS 的 10% 到 15%。什么是 CPS 呢 ?CPS 的意思就是说你每卖 100 块钱，你要付出 10 到 15 块钱去淘宝买广告，也就是说你卖 100 块钱的东西只得到 85 块钱。但是现在如涵平台上面这些网络达人的店，如张大奕的店，他们一分钱都不用付给淘宝；即使他们做到了十几亿的交易额，他们也没有付给淘宝流量的钱。

不得不提的还有罗辑思维，通过罗胖自创的优质内容，在微信上获得了 700 万的粉丝。在优酷、喜马拉雅上面它的内容被看、被听的次数已经超过了 6 亿次，还不算其他的平台。那么我们来看在这 700 万的粉丝里面有多少人付了钱？我们看到大概有超过 300 万的人为罗胖的内容付了钱，你可能就是其中的一员。再接下来在这 700 万的粉丝当中，还有超过 100 万的人去购买了它的实物商品。

但这还不是最牛的数字，最牛的数字是罗辑思维推出了一个 APP 叫做“得到”。2017 年 3 月 8 日，“得到”的用户数量已经超过了 558 万，这是一个非常快速的用户增长，而且这 100 多万的用户都是付费用户。那我们来看看“得到”获取这 100 多万的用户付出的流量成本是多少呢？也是零，因为这个是通过罗辑思维的公众号进行的推广，是这 700 万粉丝自然而然到“得到”上沉淀的一个结果。

而对于普通个体商家而言，如微商、淘宝卖家、实体店主等，遇到的第一个问题就是流量从哪里来？近几年，移动互联网的飞速发展造成流量不断从 PC 端向移动端转移，流量入口也不再一家独大，各种超级 APP、应用市场、浏览器等入口让流量变得越来越碎片化。

中国网红经济产业链图

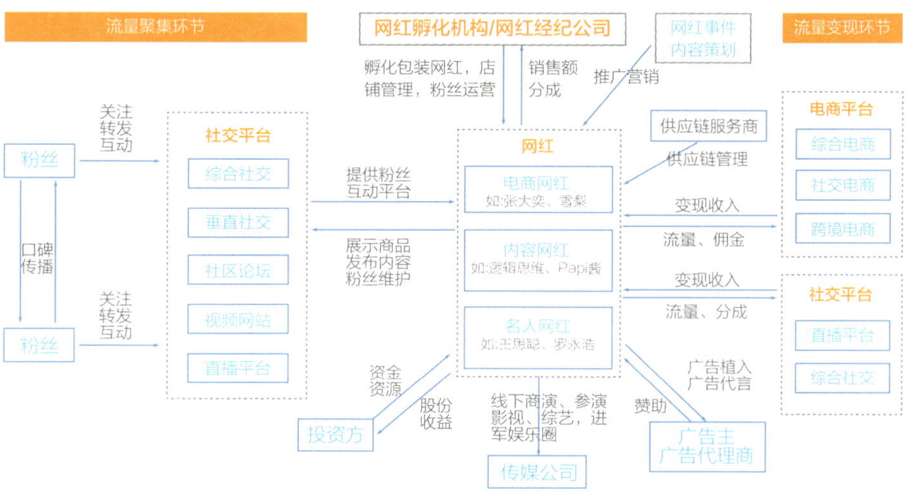

如何根据产品定位和特性找到合适的移动端流量入口，是所有商家面临的重大课题。2016 年 6 月面世的小蜜 APP(长沙微领地网络科技有限公司) 就是为了在变现方式革新和深度交互的理念基础上打造一个专门服务于微个体的“个人流量”平台。在流量的大环境下获益的工具类平台不仅应该带有深层的社交关系属性，而且应该具备直接的商业利益转化手段；而能够与之结合实现变现的工具应用必须是精品化和专注的。

蜜蜂

小蜜即蜜蜂，玲珑娇小，一生吃蜜、造蜜和护蜜，为甜蜜生活而奋斗。黏黏的蜂蜜，寓意小蜜 APP 与用户的关系，相互依靠和支持。

引流

如龙卷风：因中心的强力引导，促使水流成为漩涡式图案。亦如指纹：小蜜以个人为中心，流量为纽带，连接身边的人，建立信任和承诺，感受美好生活。

互联

嫁接定位系统，聚集微个体，以个人流量为连接方式，打造 5km 城市生活圈。以长沙和深圳为进发地，让个人流量在每座城市以全新的模式爆发。

社交流量变现销量这一新商业模式正在逐步形成，对于普通个人而言，网红经济的成功模式难以复制。2016 年，微领地网络公司提出“个人流量”的概念，旨在链接普通个体及其自有资源，并达到创收的目的。

微领地商学院研究人员认为，当下已经不需要在大平台之外再寻找一个广泛和粉丝接触的手段，而是需要一个有深度、有温度甚至有情怀的交互和变现工具。小蜜将自己定义为“个人流量”应用平台，并且有它特定的服务圈层——微个体，意在让微个体的个人流量真正为个人创造价值。

说到个人流量，不能不提到共享，这个词在今年尤其引人注意，共享单车、共享汽车、共享充电宝等相继出现，大大改变了我们的生活，共享经济早已火遍了祖国的大江南北。

共享经济，代表了互联网发展到一定高度带来的新型经济模式，本质其实就是整合线下的闲散物品或服务者，让他们以较低的价格提供产品或服务。提高资源的利用率，获得回报和价值。这种经济形势颠覆性地影响了传统的商业模式。就生产者而言，市场交易成本的降低导致传统企业边界收缩，带来个体经济的强势回归。对于消费者而言，交易成本的下降引发以买为主向以租为主的转变，增加了消费者的福利。通过“自由人”的联合，共享经济给了供求双方更自由的选择，也以下而上推动着制度变革，提升了经济运行的效率。

通过观察可以发现，中国社会的传统关系网在不断撕裂，以价值分配为关系的新链条正在形成，每一个人都是节点，都在进行价值传输。过去的你求关系、求渠道、求资源、求人脉、求机会，而未来你的个人流量决定了你的价值。简而言之，每个人联合撬动的力量范围就是你所掌控的世界大小。

微领地小蜜为什么致力于打造“个人流量”？这关乎互联网的本质。

互联网的本质事实上就是三个词，第一个词是在线。传统商业依赖于线下实体门店为顾客提供服务，随着互联网的发展，线下实体店一直迫于电商的压力而举步维艰。如何实现实体店与线上的连接，小蜜在这一点上做了深入的研讨，认为最主要的还是帮线下实体找到用户的使用场景，打通线上线下的连接，让用户更加便捷地享受服务。小蜜一个二维码就能让用户与之终身关联，低成本赋予商家更多试错能力。就小蜜的功能和其入口来看，实现用户和线下实体店的无缝对接是完全没有问题的。“个人流量”的实现为线下商家突破了物理限制，能有效提高线下与线上的接触频次，从而提高商业效率，让线下实体有更多机会完善与线上的连接。

微领地小蜜抓住的第二个本质是互动。只有互动，才能真正把互联网技术的优势充分发挥出来；将互动发挥到极致的微博和腾讯，已经深入人心。微领地小蜜意识到这一点，在“个人流量”的基础上搭建一个供商家用户互动的底层建筑，使上面的每一个人都可以迅速找到目标，无论是找客户、找服务还是找伙伴。同时小蜜运用移动互联等多种元素搭建营销场景，比如利用户外 LED 数字化媒体，通过“二维码”“WIFI”“AR”增强现实等技术，以“人屏互动”为核心，让消费者停下脚步，参与互动，深度体验。并通过商品碎片、花园集粉、扫描获取优惠券等方式，直接引流客户，并最终促成终端购买。这一切旨在让更好的互动带来更多的流量，更多的流量吸引更多的商家，更多的商家带来更多的品类和便利，由此又进一步提升用户体验，这是一个在任何环节都可以进入且实现闭环的轮盘。

微领地小蜜抓住的第三个本质是协同。为什么网红一个人能够快速建立一个品牌，就在于已有互联网资源提供的协同基础，她们只用负责给客户带来个性化、差异化的额外价值。我们知道一个客户就是一个社区，他的生活需求包括了很多方面，微领地小蜜商圈把本地相关利益者组织起来，让本地各行各业、线上线下的商家和用户在有组织的情况下协同，给市面上林林总总的商品和服务一个统一的、方便的挑选入口，让所有人能一目了然地获取信息，满足自己的个性化需求。小蜜新增的商家导航及安全键盘，更是为商家的产品和服务连接用户消费并建立持续互动关系提供了有力保障。

所有的中国消费者，可能 5 年之后都会变成互联网人口，当然 10 年之后的互联网跟今天的互联网又会发生很多改变，但是毫无疑问，互联网已经成为与水、电、煤一样的社会基础设施来服务整个商业。无论电商，还是实体，不变革肯定是死路一条。关于“个人流量”的商业模式，我们确实很难准确定义一个依然在变化的事物，尤其是当这种变化还将一直持续下去的时候。但可以肯定的是一个产品或一项服务的价值随着使用这个产品或服务的用户规模的增加而增加。

这些被共享的顾客将在流动中激活整个商圈，并将成为商家的利润放大器，提高商圈的财富循环效率，扩大消费需求，满足更多人的利益。

我们接触过很多的共享平台，打车平台将乘客介绍给司机，会收取司机的佣金，订餐平台为餐馆介绍客户，同样会收取餐馆的佣金，而你从小到大给无数的店家，推荐了数不清的客户，却没有得到过回报，这合适吗？在个人流量联盟中，你可以轻松拥有属于自己的资源和客户，并让他们一辈子属于你，而你，将持续享有他们

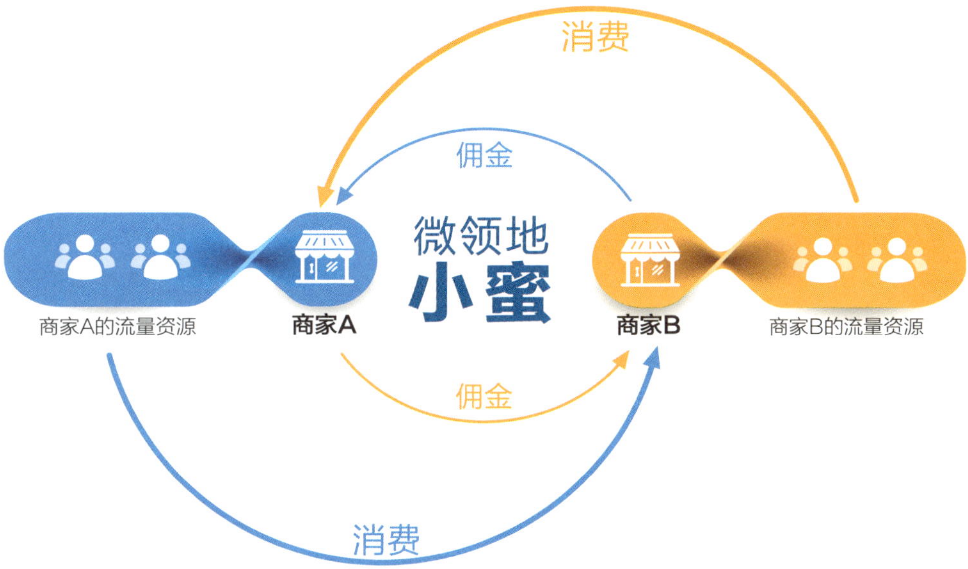

消费给你带来的利润。

在中国，无现金时代正在来临。2017 年 10 月 13 日艾瑞咨询发布的报告显示，2017Q2 第三方支付移动支付市场总规模达到 27.1 万亿元。几乎从你身边经过的每一个人都在使用第三方支付，从今天开始，你就可以让他们的消费与你有关，从今往后，他们的消费将源源不断地为你创造财富，你可以轻松赚到水果店、美容院、便利店，甚至是超级大卖场的钱，奇迹就这样发生了。

在微领地网络地理念中，红利是比市场更便宜的资源。趋势红利，是时代发展的产物。它只会出现在某一个时间段，只有顺应潮流的群体才能享受。正如互联网上半场流量红利已消失殆尽，但时代发展的趋势，又会在其他方面带来新的红利。将社群红利和单客经济的特点结合起来，将自带高转化率的流量聚集，让每一个重复消费的单独客户都能带来终身免费的流量，就是“个人流量”的本质。

如今中国的发展日新月异，甚至可以移步换景。人人都对这个新世界抱有无比的兴趣，纷纷踮起脚尖伸长脖颈想要一窥新世界真容，为了一场想象中的颠覆，他们纷纷审视起了自己已经拥有的一切和想要拥有的一切，按照各自的想法开始跑马圈地、合纵连横。但是万变不离其宗，当你开始关注变化的本质，而不是变换的结果，你就会越来越深刻地体会到其中的那股规律波。

第二节　个人流量的理论基石

什么是个人流量?

举个例子，上电视露露脸是每个普通人所向往事。假如有一天，你有幸被中央电视台请去上节目。这时候，不用你亲自吆喝，你的亲朋好友自动会帮你在各大微信群、朋友圈大声疾呼、宣传开来。

在这个场景里，你的亲朋好友都是你的个人流量，他们是你要上央视的最先接受者。在蜘蛛网式的传播结构，他们是最里层、最核心、最开始的传播者。同样的，在这个传播结构里，处于第二层的传播者是你亲朋好友周边相对最亲密的个人关系，也就是他们的个人流量。

所以，在社交场景的裂变式传播结构里，个人流量扮演着最重要的角色。因为个人流量的存在，整个传播模式成为去中心化的存在，它不同于在媒体上登载一条广告，在一对多的传播过程中，发布媒体是绝对化的传播中心。

去中心进一步的意思是，每个人都成为一个独立的传播源或者说发布媒体，无论他处在哪个层级上，在传播效用上都跟其他任何独立个体是平等的，因为任何两者都只是将消息扩散到自己的个人流量库。

这是从传播的角度来讲。而之所以从传播的角度来首先探究这个问题，原因在于传播在社会活动中的关键作用。从人和社会的本质以及两者之间的关系来讲，社会关系是人和社会的关键要素，关系就意味着沟通，沟通就意味着传播。在本书的各个章节，我们反复提到，商品传播对于商品的重要性，可以说，没有传播就没有买卖。

在上央视的这个例子里。假如，你不只是去参加一个寻常的电视节目，你是去参加一个产品介绍会，或者就像很多频繁在大众媒体露脸的品牌掌门人一样，你可以在节目中对你的产品或品牌进行推介，那么很显然，凭借这次媒体曝光，借助上述个人流量的广泛传播，你的产品将迅速获得一大批拥趸。

也就是说，原本跟商业传播没什么关系的传播行为，一旦植入产品或品牌的元素，立刻就获得了商业传播的色彩。这也说明社会传播和商业传播之间的独立关系。

个人流量在商业活动中的威力，其实我们已经司空见惯，从传统的直销，到近年的微商，再到网络直播。

以微商为例，微商是如何凭借个人流量挣钱的呢？

现在，你有一款很好的产品，而且你拥有一定程度上的运营自治权，你想将产品卖给尽可能多的人。无疑地，你首先会将你最紧密的个人关系圈扫荡一遍，或者你的个人流量和小伙伴们的个人流量，无论情况有多好或者有多糟糕，你都可以在短时间内获得一批种子客户。

这些客户最开始只是抱着各种各样的动机，做出消费决策，在你这里购买了一次产品。站在你的角度，你希望说服他们每次有这样的需求，都选择这款产品和选择你。如果客户认同你的产品，这同样也是他们所想。

你的客户会想，既然每次都在你这里买东西，那可不可以便宜一点呢？这个彼此默契的想法，其实放之四海而皆准。然而最大的不同出现了，如果重复购买，理所当然可以便宜一些，但如果客户成为你的产品代理，他们从你这里拿货可以便宜到连他们自己都不敢相信的程度。

也就是说，在微商的操作模式中，代理和客户的边界是不存在的，这在很大程度上是对商品流通传统结构的颠覆，有点类似于传统的直销，但显然比直销更进一步。成为代理，不但大大降低了客户自身的生活购买成本，更为其利用这款产品赚钱提供了利润空间。

从首次购买，到重复购买，到忠实客户，再到把忠实客户变成你的部下。我们

在这个过程中，可以同时找到传统消费理论、互联网流量转化和黏性运营的影子。而最终，这个过程所延展到的，其实是前所未有的个人流量的领域。

你的客户在帮你卖产品，本质上，他是在将他自己的个人流量变现。结合央视曝光的例子，我们知道，这在内核上是一个传播的过程。

我们举这例子，是为了说明什么是个人流量，以及个人流量如何在社会传播和商业交易中发生作用，但并非是说这些例子只是个人流量运营的个案，而是为了说明：几乎所有的生意都遵从个人流量的逻辑。

笔者有一个亲戚，在老家县城经营早餐店将近二十年。亲戚本人在县属的一家国有企业担任技术工，小店主要由女主人操盘，男主人的本职工作不需要全天候上班，更多的时间也在店里。

早餐店的地址所在的大楼，多住着附近企事业单位、机关的职工。大楼对面就是县检察院，他们家有一位亲戚就在检察院里担任要职。

也就是说，凭借个人的单位关系，早餐店至少可以覆盖两个单位的职工，这个数量有数百人，对于一个依靠地缘生存的餐饮店，这已然是一个可观的数字。而且，可以看到，这数百人的基础客户，完全建立在两人的个人流量的基础之上。

就凭着两个人的个人流量的支撑，这家早餐店可以说是二十年来这条街上经营最稳定的早餐店。早餐店经营到十年的时候，亲戚家已经买车买房；而今，家里已然有着对风险有着较高抵挡能力的存款，逢年过节，全家还可以到周边或者外省旅游——俨然小康之家。

这个早餐店是传统线下实体店的缩影。我们前面提到线下实体店选址的重要性和依靠地缘人际关系的重要性。而更重要的是，考虑到周边竞争，如果你希望你的这份个人事业能够站稳脚跟，数十年屹立不倒，那么经营好你的个人流量，才起着决定性的作用。

今天，线下开店仍旧是很多小资本拥有者投资创业的首选。选址是一个颇为操心的环节，而且大多数人最终选择的店址都是一个陌生的环境。比如在省会城市，我们会有一些固定的消费店面，尤其是社区超市和餐饮店两类，我们经常会问老板是哪里人。大多数情况下，省会城市的小店面的经营者都来自同省的外市。

在省会城市的每一个社区里，社会基础消费的供应结构是固定的，但经营者却充满着很大的流动性。很多人在社区里开店，如果勤劳人聪明，用不了几年，就可以完成不错的资本积累，从而选择转行提升；也有经营欠佳的店面，用不了几个月就关张大吉。总之，在面积相对固定的社区商铺里，经营者一直是人来人往。

对于后来的店主而言，竞争是他们首先面临的选择。不同于火车站等人口流动性大的店面，每一家社区店的基本存活都有赖于一批相对固定的回头客。对于初来乍到而言，他们需要想一些方法，让对其产品和服务完全陌生的潜在社区客户来体验、购买和重复购买。

这本质上是在一个陌生的人际关系里，建立熟人关系。而且这个熟人关系有着鲜明的层次，比如大约有数十人几乎每天光顾你的店，但你和他们除了买卖沟通之外，绝少闲聊。但也总有那么几个人，属于社区的有闲阶层，他们也几乎每天都来你的店里逛逛，一般不会消费，而是跟你拉拉家常、打打牌。

这两类人实际上意味着两类不同的关系，存在亲疏之别。按照社交 150 人的理论，显然那些每天光顾小店的人，够不上“亲密关系”的程度，但是显然他们是稳定的利益关联者，因此也是店主重要的社会关系，也更是我们“个人流量”理论里重要的甚至主要的流量力量。

对于传统店面来说，那些不同于寻常回头客的格外亲密的关系，实际上比回头客更加重要。想象一下，如果你在一个社区开店一两年，连几个说得上话的本地居民都没有，你怎么在这个社区立足?

亲密关系对于那些具有大客户性质的行业和店面，尤其重要。比如高端餐饮和 KTV 这些带有公关娱乐的场所。这些店面已经超越了社区小店的规模，其对社会资源的要求程度和依赖程度也更高，这些店主一定是拥有品质不错的社会关系，比如认识一些附近企事业单位的老板，相对固定的包揽其重要的内部餐会和外宾接待业务。

相比较而言，对于基于个人流量的商业模式而言，对于社会关系的要求处于传统和平台流量之间，或者也可以认为其主体流量构成更接近于传统商业场景里的回头客一样的寻常亲密关系。

对于传统流量模式来说，伴随着智能手机出货量的放缓，中国的移动用户流量增长红利期已经结束。来自国内知名第三方研究机构 QuestMobile 发布的《应用商店行业观察》报告显示，截至 2016 年第三季度，中国移动网民的整体规模已经接近 10 亿，这也宣告了中国移动互联网人口红利时代正式成为过去式。

据 Talkingdata《2015 年移动互联网行业发展报告》数据显示，一个细分类领域内，用户平均打开使用的 APP 不超过 3 款。那么这对于任何一个垂直细分行业来说，开发者的竞争就会非常激烈。不论是对于行业巨头来说，还是对于这些创业者们而言，要想实现更高的价值，在用户红利逐渐消退的大潮下，拥有高黏度、高活跃度的高质量用户就更为重要了，无形之中高质量用户就成为了他们争夺的重心。

对于任何一个移动应用来说，拥有高质量的用户能够给平台带来更高的活跃度和用户时长，用户的忠诚度也就更高。从商业价值的角度来看，拥有一批高质量的忠实用户，他们往往相较于那些忠诚度并不是太高的用户，有着更高的消费意愿和消费力，转化率也会更高，自然也就愿意为平台的产品或者服务买单，甚至在很多时候一个高质量的用户能够创造的价值超过 100 个普通用户的贡献。而且对于一个高质量用户来说，他可能还会给平台推荐和带来更多的忠实用户，无形之中也就给平台带来了更好的口碑宣传。

实际上，传统流量语境中平台创业的这种新意识，意味着传统流量模式已经在悄然转变。流量红利期有两个显著地特征：第一，线下人口的流量很不充分，只要创业平台找准空白区域的人群定位，引流和转化都不是难事；第二，平台之间的竞争相对不充分，互联网产品的同质化尚不严重。

而当这两个因素都从正面变成负面，不计成本地引流，既而营销刺激转化的粗暴套路已经越来越不好使。用户黏性和粉丝忠诚度被推高到一个无以复加的程度。

然而这种思维上的转变似乎并不够，它将直接面临一个更严重的问题，那就是粉丝的获取成本将会比以前更高。一边是获取粉丝的难度更大，一边是粉丝获取成本更高，这对于暴力烧钱短平快获取流量的传统意义上的平台来说，显然是一个悖论。

但是另一方面，我们可以发现，从社会关系的角度来讲，传统流量思维转型思考的这种结论描述，非常接近线下生意里的回头客。如果抹除线上线下的场景区分，但从营销和社会角度来说，这在思维层面是线上思维向线下思维的靠近。

实际上，从传统流量思维的这种尴尬来说，个人流量理论已经量身定制了一套方案。用户粘性论的悖论，其根本原因在于，它并未彻底放弃互联网前时代的那一套理论根基，也就是上文有过详尽议论的，与传统广告业一脉相承的大众传播理论和模式。

而在个人流量理论的架构里，流量对象的特征跟用户黏性论所谓的高质量用户几乎完全重合。所不同的是，个人流量理论在很大程度上与过去的平台思维做了较为彻底的切割。

也就是说，在个人流量时代，我们不主张再过度鼓吹平台野心，而选择与线下和解。更确切地说，这不是站在传统互联网的立场，寻求跟线下达成和解的问题，而是回到社会、传播、商业和互联网的原点，重新架构一套互联网规则和基本方法论。

在这个全新的流量场景里，我们鼓励更多更普通的草根或用户，而不单单是那些介乎草根和名流之间的网红达人，盘活自己的个人流量资源。尤其是，对于传统互联网平台来说，流量是一种隐形商品，但它的卖方是平台；但在个人流量的互联网场景里，流量的卖方将直接是个人，甚至是那些从不触网的人。

第三节　个人流量变现通路

从某种角度来说，商业的扩张的过程就是“买人头”和“卖人头”的人头。最简单的商业操作模式就是夫妻店、社区铺，迎来送往的都是周边的固定客户。只要你稍微有点扩张的野心，就必须做市场营销。

市场营销也是一个系统的大概念，涵盖品牌定位、产品研发、品牌传播和产品销售整个商业过程。而最终落到实地的就是产品的销售，销售也是所有企业的生命线。所谓的商业扩张，也主要针对产品销售而言。商学院里关于销售的理论可谓名目繁多，但不管什么销售模式，归根结底都是在“买人头”。

以白酒为例。白酒是一种最常见的大众消费品，从很大程度上讲，也跟农产品一样属于一个完全竞争市场。也就是说，无论品牌大小、产品优劣，只要有消费者认可，就能在市场上立足。所以，白酒行业的品牌，不夸张地说，也许数以万计。小到一个县、一个镇甚至一个村，都可能有自己的白酒产品。

但同时，白酒又是一个竞争相当白热化的行业，这主要体现在一二线白酒品牌的竞争。电视台黄金时段广告频次最大的，可能就要数白酒行业，白酒甚至比房地产更可算得上是广告大户。

尽管竞争如此激烈，但是白酒的基本销售模式一直未能脱离传统的基本框架——分销。能够维持市场长青的白酒品牌，无一例外有一支执行力非常强大的直属业务团队，算上贴牌和大代理商的团队，一个一线品牌的一线业务员通常可以达到数千甚至上万人。

他们的主要工作就是成建制地游走于全国各大省市，寻找分销商或代理商。比起业务员的工作，能够决定一个白酒品牌的市场业绩的，最主要的因素恰恰在于区域分销商。

在一个特定的区域，不同白酒品牌无疑是竞争关系。所以如果你是一个白酒品牌的业务员，你需要找到一个区域的地头蛇，他可能是隐形的黑帮老大，也许是某高官的亲属，也可能是某连锁商超的老板。这种找对人的逻辑，已经是白酒招商心照不宣的潜规则。

这些地头蛇的真正价值在于，拥有异乎寻常的本地人脉积淀和个人影响力。本质上来说，白酒品牌选中他们，就是向他们“买人头”。虽然结算的说法是提成和返点，但本质就是，分销商将人头卖给品牌，品牌向分销商以相对标准的价格结算。

这种“买人头”的逻辑，适用于一切依靠人的社会关系进行产品销售的销售方式。甚至是媒体行业也同时遵循此理，广告客户向广告主支付费用，购买媒体的读者、观众、听众等。

互联网时代的互联网平台也同样如此。新闻门户、社交网络媒体等自不待言，即便是传统的电商平台，不管基于什么样的商业模式，都同样是在“卖人头”。

淘宝网的本质在于将潜在客户从线下聚集到线上，提供一个类似于线下社区一样的商业人口聚集地，再将流量卖给入驻商家。美团、滴滴这些红利末期出现的互联网商业巨舰，相对传统电商虽然向前迈了一步，基于 O2O 的理念从线上走到了线下，但本质上他们所干的营生，仍旧是将自有平台流量卖给线下商家。

那么问题来了，既然我们可以从这些媒体大佬、平台大佬和个人大佬那里购买人头或者流量，那我们为什么不可以从平凡的个人那里购买流量？这当然是一个奇怪的问题，因为个人的流量看起来实在没什么价值。但是，微商的成功已经证明，从个人那里购买流量只需要一个合理的销售模式。

更重要的是，当我们将这个问题倒过来想时，就会发现它的商业想象空间和运作空间可谓别有洞天——作为平凡的个人，我为什么不把我的个人流量卖给别人呢？似乎看起来，这同样显得价值微乎其微，因为个人的流量相比于品牌和产品的需求规模来说，实在太微不足道的。

这固然是一种思维方式，但问题的匆忙否定和创造性突破，往往就在这样看似没有选择余地的时机，隐藏着巨大的选择。我们凭借已经有的商业存在，固然会觉得自己的个人流量无法变现，但是如果另一些新的商业存在被创造，刚好可以让个人看到个人流量的价值，那么每个人都将成为莫大的受益者。

为了建立一种让个人流量产生价值，我们从两个方面来着手讨论、计算和建立模型。

一个方面是，如何让个人流量作为一种市场要素被配置到市场中进行交易，就像平台流量和线下人头那样。

另一个方面是，如何建立一个体系，让这种个人流量的交易在每个人那里重复发生，以呈现出规模化的特征，从而使得个人流量交易具有切实的个人财富增长效益。

为了说清楚这两个问题，在我们的论述和演示过程中，需要借助一个假定的具有某些功能和场景的系统或者说平台、工具，以让其功能和场景支撑这两个过程中的某些关键环节得以完成。其实，不言而喻地，在我们论述完整之后，只需要将这些衔接性、支撑性的功能和场景组合起来，就可以创造一个真正的个人流量平台。

第二个命题我们姑且先卖个关子，放在下一节加以讨论。这里先主要讨论第一个问题：每个个人如何对自己的个人流量进行管理、交易和销售。

首先来看，如前所述，每个人的个人流量主要由两类社会关系构成：人际关系理论说界定的 150 人亲密关系；因为商业活动而形成的更广泛的人际关系，例如社区店的回头客，我们姑且称之为次亲密关系。

将这两类关系都纳入到个人流量构成，意味着这两类个人流量都可以交易。所不同的是，为了让最终的结论更加贴近现实中的商业运作，我们将以次亲密关系发生的商业场景为主要阐述对象来对应一般性场景。

比如假如你是一个社区超市的老板，每天都会有数百个客户到店购买，加上流动性或者次远距离的泛周边客户购买，来过你店里的客户甚至可能有数千之多。

在平时，你只是简单地迎来送往，完成既定的买卖，从未想过他们除了购买商品给你带来利润外，还有什么途径和方法给你带来收益。即便是有，也无外乎存在于新产品借用你的宝地进行搭台地推或者贴贴海报等。

所以，这些个人流量一直处于一种放养的状态。也有聪明的社区超市店主，想到通过会员制的方式，来将这种长期性的买卖关系进行固化，甚至可以将泛周边的客户从离他们而言更加近的超市里拉过来。

这种会员制通过较为笨拙的原始方式就可以完成，你只需要一个空白笔记本、一支笔。基于双方自愿，每来一个新客户，都对他进行问询和宣介："你有意向在我们办个会员吗？会员积分全场消费一律 95 折；每次购买都会有积分记录，积分可以随时抵现或者兑换商品。"

在你这么做之前，你或许对这么做的意义印象模糊，但是当你真正这么做之后，或许会有很多惊喜：

面对厚厚的笔记本里的会员编号和购买记录，你首先也许会想到，原来你拥有这么多的人际资源；

通过每个会员的购买记录，你可以很清晰地看到哪些顾客是你的忠实客户和中坚客户，你甚至会想到如何针对他们做维护性回馈，更会想到如何针对看起来没那么忠实的客户做进一步营销挖掘，以将其转化为忠实客户；

同样的，你也会看到哪些客户来店里的次数相对实在少得可怜，你自然会推测他们就是泛周边客户，要是能够将他们也一步步转化为忠实客户就好了。

可是，你唯一没有想到的就是，这些已然数量可观的人脉资源，完全可以为你带来更多的财富，甚至其方式就是直接的个人流量交易，也就是说将你本子上的这些客户卖给其他商家和产品。

其实，这个会员记录簿已经完成了一个重要的环节——个人流量的汇集和管理，但这显然并没有流量化，也就是没有完成线上迁移。

从线上平台的角度来说，将你的这些个人流量进行迁移首先有个入口的概念。

从宏观层面来说，你的超市就是一个大的“流量入口”，但这不够具体，我们需要找到一个更具操作性的入口，这个入口被使用的最多的就是“线上支付”。

线上支付在短短一两年内，已经变成了一种全民消费习惯。在线下，你很难找到一家没有支付宝和微信支付二维码的商铺，即便是街边卖水果的大妈，也会向你亮出她的二维码。

现在，我们通过技术赋予平台一个关键功能，帮你完成个人流量的导流。这个功能通俗来说，就是顾客在支付扫码之后不会直接进入支付工具的支付界面，而是通过你的个人流量管理工具进入支付界面，在这个过程中，平台得以合法抓取你的客户的个人信息。

更重要的是，这个平台同时还能够帮你完成个人流量的数据库管理，如果没有这个功能，所谓的个人流量的引流是没有意义的，或者说最终只是为平台引流。

比抓取客户信息更重要的是，帮你建立一个线上的会员数据库系统，从某种程度上，类似于你记录会员信息的记录簿。相当于如果你注册了这个平台，你就拥有了自己的账号和后台，当你进入后台的时候，你就可以看到到店客户都整齐划一的躺在数据里。

甚至，就像你的会员记录簿所做的那样，这个数据库有着更加强大的数据分析功能，他能帮你自动化地按照各种有价值的指标参数，将客户从各种角度分类，比如上面所提到的一次性客户、重复购买客户、活跃客户、忠实客户、骨灰级客户等。这个系统可以将一些不寻常的会员异动也向你展示出来，比如某个两个月的一次性客户，昨天居然又来店里了。更过分的是，系统甚至可以智慧性地针对这些异动向你提出进一步跟进营销的建议。

这些扮演营销软件、财务软件的功能，看起来已然十分诱人，如果上面的展示是一段软件的介绍书，估计你都动心了。更诱人的是，按照上述功能和操作，平台已经帮你充分锁定了到店客户。那么接下来，重头戏就是如何让这些个人流量变现，也就是——如何将你的个人流量卖给其他人。

在这里，我们首先要讲这个平台的另一种机制，这个平台存在一些跟传统电商平台商家没有太大角色差异的商家，需要从平台流量获取客户。就以你为例来说，你也可以将你店里的热销、特色产品放在平台上，线上用户可以直接在线上下单。

因为这样的线下商家已然成批量地存在，所以如果消费者通过登录平台在线上商家那里完成购买，而这个消费者刚好是通过你的店锁定为你的个人流量，那么恭喜你，你可以从中获得收益。

从个人流量交易的角度，这意味着你已经将你的个人流量卖给了需要流量的人，而且你不得不格外高兴的是，这样的交易不仅不需要面对面甚至你们根本不需要任何形式的接触和沟通。

既然是交易，我们就需要以交易的一般性构成来面对和处理这个问题。在这样的交易中：

首先，你的个人流量成为了一件隐形商品；

其次，你的收益标准，本质上就是这件商品的定价问题；

最后，这样的收益如何向你结算，以及谁来向你结算？

关于个人流量的定价，我们可以建立一种区别于传统商品甚至传统电商流量买卖定价的定价机制，说起来类似于滴滴的定价方式，根据个人流量的买方在其单次商品销售中的售价来确定你的单次收益。比如说线上商家每销售一次，平台作为分配方，从中收取成交额的一定比例收益，按现行电商规则，一般在 2% ~ 20%。其中有很多关键性的用处，其中最重要的用处之一，就是支付你的个人流量收益，比如具体为成交抽成的 50%。至于另外 50% 的精彩用处，这里先卖个关子。

最后，结算的方式相对来说，变得简单和次要。本质上，是购买你个人流量的商家向你结算；而在实际操作中，是平台代为向你结算。结算方式，是通过平台将款额转到你的账号中的户头。

尤其要注意两点：

第一，只要平台的用户是在你的店里进行注册，那么他将成为你的终身会员，也就是你的独一无二的会员，而不会再与其他商家进行利益捆绑，甚至即便是用户本人也无权进行这种更改。因为这样的隶属关系，丝毫不影响他个人的消费。

第二，只要用户是你的终身会员，他在平台的每一次消费，你都将获得个人流量收益。

通过这个流程化的模型，我们不难看到每个人的个人流量的规模化交易的可能性。重要的是，在这个过程中，你不需要花时间参与。你要做的事只是收钱，甚至用户扫码进入，都只是一个常规的线上支付动作，不需要你格外操心。

很明显，个人流量的交易可以成为一门独立的生意。你可以当成是你本职工作和生意之外的一项副业。你甚至不需要投入资金和执行参与，如果非要说投资的话，就是作为你隐形个人资产的个人流量的投资。

意识到你的个人流量其实是你最大的隐形资产，这种观念上的认识非常重要。无论是你的超市本身的营收，还是这里所讲的个人流量生意，本质上都是你的个人流量这一隐形资产在创收。甚至于，所有你所参与的商业活动带来的收益，本质上都是这种隐形资产的回报结果。

那么，只要稍稍算一下账，个人流量可观盈利预期就不难发现。我们主要一针见血地抓取两个重点参数：你的平台锁定的个人流量的数量；单位时间内，平均每个人的线上交易额度。

比如说，通过你的超市，每天通过扫码支付的方式为自己锁定消费者会员30名。

一个月的时间，超市将锁定（**30名 × 30天）= 900人**。

900人平均每月产生了900元跨界消费，**900人 × 900元 = 810000元 / 月**

810000元 ×（ 2%）= 16200元 ÷ 2 = 8100元 / 月

810000元 ×（10%）= 81000元 ÷ 2 = 40500元 / 月

810000元 ×（20%）= 162000元 ÷ 2 = 81000元 / 月

以上推算数据中，2% ~ 20%是平台跨界交易实现后的抽成，其中有一半将返给锁定用户的商家。也就是说，你的超市在不改变消费者的消费习惯，也不改变商家经营习惯的基础上，每个月会增加8100元~ 81000元的额外跨界分红收入！

个人流量
——开启后互联网时代流量变现新通路

第四节 商业体系的操作重构

当我们用一种理想主义的眼光去看待社区商圈、社区商业，我们的期望和目标是明确而美好的；我们希望社区商圈成长进化为一个健康完美的社区生活服务体系。这个体系里的每个角色都能各司其职，克服以往的客观上的信息、沟通缺憾，摒除人性作祟的相互伤害，相互之间以诚相待，配合默契、运作高效。

当我们提出个人流量的概念和理论，我们同时也开始在操作层面上付诸实践。这种实践既在于商业流通细节上的精巧设计，更在于系统整合和宏观目标实现。

最直接的，我们必须要解决社区商业体系里角色的重塑、分工和相互连接。我们可以首先将这个体系的角色进行分类：线下实体店、线上商铺、消费者、物流服务方和平台。

可以看到，平台本身是重要的角色之一，同时也具有对于平行角色的超越性。平台的目标是，让代表某种角色的每一个个体都能完满地达成目标，从而构筑一种别开生面的新型社区商业关系。

对于线下实体店而言，我们目睹了互联网对现实商业社会的冲击，而线下实体店首当其冲。但是无论实体店落魄到何种程度，似乎我们总能对其抱以希望。在个人流量的时代，我们希望线下实体店在无可替代的功用里，重新找回存在的价值。

基于个人流量的线上平台，仍旧有着互联网平台的本质，流量核心价值是变中的不变。传统互联网的流量，大多来自传统媒体，显然为此付出的巨大成本是值得的，他可以让互联网平台在短时间即可完成线下到线上的迁移，迅速进入现金流的稳定期。

而我们所设想的个人流量平台，从一开始就放弃了这种沿袭了几百年的大众传播的套路，转而选择与每一个个人结盟，从每个人的个人流量那里，积累平台价值。这个时候，线下实体店是我们认为的最完美最重要的流量入口。

重要的是，不同于传统互联网平台过河拆桥的做法，线下实体店不仅仅是流量入口那么简单，更加构成平台运营的重要内容，同时平台也将基于线下实体店的传统经营形态针对性地输出价值。这主要体现在三个方面：

第一方面，线下实体店本身仍旧是满足社区社会需求的市场主体，经由平台的重新规整，线下实体店在线上线下的融合场景里重新焕发生机。线下实体店可以自主选择保留线下店面的同时，将销售端迁移到线上，与社区物流合作，完成复合型经营。

第二方面，因为门店流量入网不是单纯地为平台做贡献，以至关重要的会员锁定技术为基础，通过门店注册平台的用户本质上不是作为泛泛的平台流量存在，而是以门店个人流量入网。线上线下虽然在消费场景上存在着差异，但门店与客户的关系却是完全平行对等存在的。线下客户的互联网迁移，让数据抓取成为可能，这让本来就存在的看不见的信息，通过互联网的大数据处理和分析，变得可视化，从而为门店的客户管理和精准营销提供支撑。

第三个方面，每个线下实体店的店主在不影响本职生意的同时，将平添一份几乎无需投入的生意——个人流量交易。这也是平台为线下实体店所提供的最具颠覆性的价值。

对于线上商家而言。传统电商已经让我们看到线上商铺的存在意义。虽然很多行业的线上化因为消费体验等独特因素而不可行，比如餐饮、影院等，但我们仍旧看到大多数商品和服务的线上化能够大大降低社会成本，比如图书行业、服装行业。

与传统电商不同的是，在个人流量商业图景里，电商虽然也包含但不着重强调线上商铺的跨区域销售，而是强调本土化周边销售和购买。在这种理念里，线下实体店、微商以及传统意义上的网商，都将成为电商的重要力量，甚至在很大程度上消除三者之间的界限。

显然地，平台对于传统微商有着格外重要的价值。微商有着严密的组织体系和成功的营销理念、体系，但独独缺少便捷的客户、订单管理系统。传统意义上的电商平台和微店，都很难说是理想的选择，而基于个人流量的平台在营销核心理念上可谓与微商不谋而合。

在个人流量平台，微商不但能够实现高效的经营线上化转型，更能够加速其本身依靠个人流量进行扩张的进程。微商通过将自身的个人流量转化为客户，再将客户也同质化为微商，让销售在线下的个人流量里复制蔓延。

在个人流量平台，这个过程变得更加简单，线下不再完成角色复制，也就是不再需要进货和销售维护，他们只需要通过平台将自己的个人流量入网，即可获得收益。至于销售和服务环节，甚至也不会上移到微商代理的层面而增加其经营负担，因为平台本身已经分担了这一环节。

对于物流而言。物流是现代社会的重要一部分，俨然已经成为商业社会的血液。物流本身是商品流通的潜台词，只要是商品就需要流通，有物品的流通，就需要物流的存在。我们今天谈到物流，印象里就是互联网物流，实际上无论在传统社会，还是现代社会，物流对于消费场景和商业业态都是全覆盖的。

个人流量时代，将以社区商业的重塑，引爆社区物流的局部性革命。比之任何领域和场景中的物流，社区的物品流通的流通速度和整体规模都有着显著的对比性差异。尽管每个社区的消费总和看起来都无法与宏达的城市商圈和线上平台对比，但所有社区加起来，其规模是不可想象的。

这是物流行业本身的巨大机遇，也是个人流量理念下社区商业体系的重要需求。传统物流围绕大众消费的流通，已然衍生出两种物流形态：以大型快递公司为代表的全覆盖式大流通，和以团购网站业务分包为依存基础的区域物流。

在以往的时代，社区物流往往被这两者所拆解。但在个人流量时代，社区物流将成为独立化的存在，每个社区都将拥有一支自己的物流团队，更加专业和贴心地零距离服务本社区居民。从这个意义上讲，社区物流将成为独立的存在。

从另一个角度来说，独立的社区物流可以视为是从团购形态下的大商圈物流中拆解出来；同时，因其本土化特征，可以成为跨区域大众物流“最后一公里”的补充力量，从而改变其终端形态。

对于个体消费者而言。在商业语境里，客户是上帝，是永恒的真理。跟任何传统的商业形态一样，个人流量商业形态的最终价值落脚点，仍旧是客户的获得感。

在后互联网时代，基于本土化服务的 O2O 理念已经得到充分的发挥，我们看到无论是大型互联网平台向这一领域延伸，还是区域内基于这一理念的独立平台创业者，消费者看起来有很多选择，可以方便地实现周边购买。

但从现状来看，社区居民的主要购买行为仍旧遵循既往的结构和轨道，他们大多数情况下仍旧在淘宝、社区店、微商那里消费，最典型的无外乎是餐饮外卖行业。但是很明显，这些平台未能构建独立、封闭、完整的本土化消费场景和运营体系。而这，正是个人流量平台追求的目标。

上述三类所解决的是社会供给端，它几乎涵盖了社区范围内的所有市场主体。换言之，你所需要的产品和服务，平台上都有。另一个方面，社区物流提供的社区内短距物流服务，极致高效的解决送货速度物流，让客户的信任和体验达到购买周边服务的自我说服临界点。

同时，即便消费者不在平台购买服务，仍旧单纯选择在线下购买，也照样与平台、与个人流量下的社区商圈发生了流量关联。每一个消费者在社区都将成为一个市场主体的个人流量，并以这种角色参与平台运营。也就是说，每个消费者都将推动平台的运营，从而成为整个商业体系的建设者。

最后，对于平台而言。平台是整个社区商圈的理论、理念和体系搭建者、建设者和运营者。是平台将线下实体店、线上商铺、消费者和物流聚合在一起，构建一个全新的社区商业体系。

平台具有超然性，但同时更是这个体系的第五角色。脱离平台，这个体系将彻底崩溃。平台解决了线下客户向线上的迁移和管理，为周边隐形商户搭建了线上销售场所，为社区物流解决了订单管理和信息反馈问题，平台让消费者以更加充分的信任和更加完美的体验，找到一个完美的便捷即时的周边购买窗口。

最最重要的是，平台为社区所有人搭建了一种个人流量变现的商业模式，并以自身为交易平台，将个人流量的交易场景内化到平台运营的底层基础构架中。整个个人流量交易的流程都在底层静水流深地发生着。也正是借由个人流量交易，平台得以依靠平民的力量，无需抱任何大佬的大腿就可成为坚强的存在。

围绕社区商业角色来搭建社区商圈的基本框架，这只是一项基础性工程。我们知道，任何一个品牌、一家公司、一款产品都离不开营销，对于一个互联网平台而言更是如此。个人流量社区商圈平台同样需要构建自己的营销体系，我们将从更加宏观的层面来理解和处理这个问题。

本质上，我们是要搭建整个社区商业的营销体系，它涵盖但不局限于平台本身的所有营销需求。这个营销体系甚至与所谓社会化大营销的概念有着明显的不同，最大的不同在于它不但蕴含着个人流量的基本理念，更是一套可用于实践且行之有效的操作体系。

它的目标不光是使平台、体系平稳运行，更在于让体系内的每个角色、每个人都受益。基于其各方面特征，我们姑且称之为“社区大数据营销”系统。

该系统大体上由流量的基础性经营和社区供需大数据管理、呈现两大内容构成。

作为互联网平台，流量经营依然是个人流量平台的核心需求。首先是流量的线下迁移入网，其次是为线上商家引流。这看起来跟传统电商平台没什么不同，但在理念和操作细节显然有着本质上的区别。

不同于传统电商平台将引流、转化和粘性维护截然分开的理念和做法，个人流量平台试图不仅将整个流程，也将这两大内容合并在同一个场景里。

上文已经提到，平台最基础性的流量入口在线下实体店。这只是提到了平台引流的基本方向，而未涉及到引流的营销方法。实际上，我们会开发一系列具有互动性、娱乐性的平台小应用来帮助线下实体店以及每一个有意愿参与个人流量交易的个人。

比如，我们开发了一个“红包满天飞”的常规应用。具体来说，随着系统内每一笔跨商家订单的成交，系统都将发出一个红包，这比支出将由平台承担从上文提到的流量抽成中扣除。

这里所说的成交，不单指线上成交，也包含线下实体店的成交，并巧妙地通过“线上支付”这个万能的场景来完成。红包的发出是全开放式的，甚至在呈现上，平台的所有用户都能够在平台地图上清晰、即时、动态地发现最新发出的红包。

发红包看起来是一种被用烂了的线上营销手法，但我们换一个角度想，它其实已经升华为一种互联网营销的基本理念和必选动作，关键在于你如何创新。个人流量平台的这一创新红包营销的强大之处在于他将上述的营销需求和环节全都整合在整个发红包的场景里。我们具体来看：

首先，当一个客户第一次在一家社区店消费时，即可被视为店主的个人流量，店主当然有强烈的动机说服这个客户注册平台，但他需要一个理由，这个理由就是领红包。店主可以告诉客户，你已经通过我们店的线上系统完成了支付，系统已经发出了一个红包，你现在就可以登录领取。

不单如此，发红包固然构成了一种吸引力，但对于更加完整和厚实的宣讲内容，这只是一次完美而自然的“搭讪”。接下来才是更加愉快的对话，店主可以将天天都有红包领以及个人流量可观收益预期的细账，绘声绘色地讲给这个客户听。由此，只要这个客户具有一个正常的经济人的情感和理性，他一定不会拒绝。

其次，这个场景以一种娱乐互动，将决定商家经营状态的最重要的工作——引流，变成一种无需费心的傻瓜式的日常机械化操作。试想，商家每销售一单，系统都自动发一个红包，一个红包分成 10 份，不在少数的成交客户在领取一份的同时，都会通过各种社交媒体和渠道将这个红包转发出去，从而吸引更多的人访问平台和进入商家的店铺界面。

从互联网对于流量维护和运营的一般性逻辑来看，这个场景无疑同样有着完美的实现：引流自不待言；而对于用户黏性，实际上可以简单地从用户与平台的互动程度和在平台停留的时长两方面来衡量，“红包满天飞”的场景使得用户随时随地登陆平台都有红包可领，这无疑同时解决了这两个方面的问题；至于转化，只需要商家在发红包时，植入一个简单的首次购买刺激营销动作即可。

所以，看起来，要系统性的解决流量经营最基础的问题，并没有想象中的那么复杂。实际上，个人流量理论本身也崇尚简单，也许商业社会在一定程度上并不需要过度依赖高屋建瓴各种支撑性学科及其行业，回到人和社会的本质，能找到更加本质而有力的解决方案。

顾名思义，“社区大数据营销系统”最关键的还在于平台大数据的管理、挖掘、分析和应用。实际上，这个部分跟流量经营是相互依存的，你中有我，我中有你。流量经营是大数据营销得以实现的基础工程，而大数据分析本身就是流量经营的深入。

在个人流量平台，大数据主要被有针对性的分为三类：需求大数据、供应大数据和商家大数据。从最直接的层面，这三者的数据处理目的主要都集中指向一个目标：社区商圈所有商家的自我定位和营销。

从需求的角度来说，因为平台几乎涵盖了一切基本社会需求，而且对应每一种需求的产品和服务都有足够的规模支撑其具备统计学意义。所以，平台得以将这些需求具体对应到产品和服务，进行分门别类。每一个门类甚至具体的产品、服务的购买数据都将实时自动统计和动态呈现。

从供应的角度来说，同样的道理，因为需求与供应的意义对应关系，供应的规模也具有统计学意义。所不同的是，我们再用产品和服务作为指标来统计，是没有意义也不具有可操作性的。换而可以从市场主体的分类入手，比如说，我们可以统计出包含蛋糕售卖的商家数量，而这其中，可以更进一步细化：其中，品牌店有多少；

专业卖蛋糕的店有多少；只是将蛋糕售卖作为单品之一的复合型店面有多少。那么，对于有意向进入、调整和退出蛋糕生意的经营者和投资者来说，这样的数据显然有着一目了然的营销价值。

从商家微数据的角度来说。不同于需求和供应大数据，商家微数据的对象是微观层面的每一个商家的经营数据。相比宏观数据的统计和分析，商家微数据似乎是一件庞大而琐碎的工作。实际上，从技术的角度来看，我们只需要一套通行的模板，这套模板的技术开发难度甚至要显著小于宏观数据所需要的技术支撑。

实际上，关于商家微数据的统计在上一节已经比较有详细的提及，其目的和价值与相对原始的社区超市的会员记录簿以及配套的营销动作并没有本质区别。重要的区别在于，数据统计和营销实施的场景变了。从线下到线下，整个过程将自动化地发生，更加严谨、完备和可靠。甚至于，针对每一种数据情况的应对措施，系统也会给出一套模板化的营销方案，商家只需要做选择题而不是问答题。而且在实施上，也不需要等到客户下一次到店才能进行沟通，在线上可以随时随地进行沟通连接。

归纳起来，个人流量平台的重大价值在于，以社区商圈为宏观对象，以个人流量理论为理念引导，将社区商圈中所有的市场角色纳入考虑，并针对性、创造性地满足其经营需求，从而重新构架一副别开生面的社区商圈高效运转的图景。

值得一提的，这一整套的解决方案，不仅与传统流量思维和模式有着传播学、社会学和市场营销学等所能解释的本质上的区别，更有着一个突破性地历史跨越：放弃传统互联网前时代唯线上至上的思维方式，也放弃互联网后时代线上线下区隔运营的思维方式，而是向上文的叙述方式那样，重新构建，让互联网回到其传播和信息的本质原点，从技术的角度服务于商业社会，而不是成为商业社会的吸血虫和破坏者。

流量隐秘地汇入社会消费场景的角落。　　摄影 / 半偏

第十章

个人流量盛世绘

在信息对称、话语权对等、规则公平、资源平等的合力作用下，专注、专业的“匠人精神”将成为主流价值观；每个人都具有无差别实现充分经济自由的可能，从而在自我精神层面、社会关系和公共生活里，拥有无差别的影响力。这就是我们对网络民主最具体和美好的愿景。

第一节 更富实效的商业治理

个人流量所构建的新型社区商圈，不同于传统互联网对线下的改造企图。从表面的世俗生活场景来说，它并没有对既有的线下消费情景进行太大的改变，但实际上，却对所有可信息化的地方都进行了互联网式的优化。

如我们所看到的，迄今为止，传统互联网公司，对线下商业的最大影响毫无疑问是线上支付。如今，对于构成社会消费主力的中青年，大多数都有线上支付的习惯，甚至很多人出门已经不再携带现金。

线上支付对于传统互联网平台的最大意义在于现金流的资本价值，其次在于线上引流。今天，大多数使用支付宝和微信支付的人，都是先前很早就成为了这两款中国最具标志性的互联网产品的用户，这并不影响线上支付对于平台的流量意义，至少作为一个老客户，在这种日复一日的应用打开中，你永远不会弃它而去。

然而，显然线上支付的平台野心也许远不止于此。线下支付的终极目标在于将平台触须从线上延伸到线下，这种延伸不光是体现在线下实体店对线上支付工具的应用那么简单，而是一种深度利益捆绑。

就在 2017 年，马云提出“新零售”概念。几年前，马云认为，线下经济迟早是线上经济的囊中之物。犹记得，在电商如日中天的时候，电商巨头的野心在于认为电商的零售形态将对线下实体店的存在造成颠覆性的冲击。但现在，他们似乎不那么看了，话锋为之一转，大有线上线下达成和解的姿态。

阿里初创时的豪言壮语“让天下没有难做的生意”仍旧响亮。事实上，随着电商的崛起，天下的生意变得越来越难做，不光是线下的生意难做，线上的生意同样也难做。

这固然是多方面的因素造成的，比如说宏观经济的低迷和市场行业竞争的饱和

等。但从电商和线下经济的关系出发，互联网的影响是看得见的，比如价格战让线上线下两败俱伤。

传统流量的红利期已过，于是互联网大佬们纷纷抛出新零售的美好概念，企图充分整合线下，完成转型，同样的，前景是美好的。但无论结果如何，过程是看得见的，只要传统互联网思维的基本思维没有变，那么互联网平台为话语权主体的格局就不会变，规则制定者的身份也不会变，合作关系中的定价权的关系更不会变。

可以预见的是，在新一轮所谓新零售的变革中，互联网的介入虽然也许看起来会带来一些便利，但同时也会造成线下实体店新的负担和忧虑，而至于其前途会否像上一轮那样走到初衷的对立面，虽然不敢断言，但可能性似乎并不低。

由此，互联网已经进入过物极必反的怪圈，这样的怪圈是否会成为一种历史周期律，依然有着相当的想象空间。不保留地说，个人流量理论对此是持有相当的悲观态度的。更进一步说，个人流量本身以这样的怪圈悖论假设为前提，企图跳出这样的历史周期律，构建一种新的互联网思维，这种思维又以一个个新型商圈的转型孵化为具体表征。

中国互联网的实践已经证明，电商无法取代实体店。但我们要说不仅止于此，线下实体店不但必然永久存在，而且无论互联网对其有着什么样的影响，都无法改变其主体性。

如何理解这种主体性?

比如说，在线上下单、线下取货的交易模型里，线下场所沦为一个商品首发站，实体店的很多功能被搬到了线上，比如说货品挑选和支付；甚至有些场景不再被保留，比如说在实体店，你可以就你想要的商品向店主当面咨询，而在这个模型里，则消失了。

在这个例子里，实体店的性质已经发生了根本性的改变，它的功能和场景已经转移和消失，这就是实体店主体性的丧失。

那么，我们为何说，实体店的主体性将恒久存在，而不会被互联网彻底消解呢?按照一般的经验来看，我们看待这个问题时，常常存在一种群体的定势思维，那就是从个体的需求和体验的角度来分析这个问题。比如说，在电商的交易模型里，物流送货上门，使人们免去了出行的时间成本和精力。这看起来，是一件对个体有益的事情。

但是，我们换从另外一些角度，发现问题没有这么简单。

首先，我们同样从人的需求和体验出发，每个人都问这样一个问题，假如这种足不出户的供需场景成为百分之百的存在，你受得了吗？一百个人，会给出一百个否定的答案。

为什么？通俗来讲，因为人是一种感情动物、社会动物，人同时具有自然属性和社会属性。我们看到，工业文明以来，人们相互鼓励物欲的享受，仿佛把人伺候舒服没有一个终极的境界，这乍一看好像是对人的尊重，但从表面来看，现实中最接近这个境界的就是养猪。人们之所以不情愿被伺候的足不出户，是因为他们天性需要亲近自然，和邻居面对面聊天。

所以，看起来足不出户的消费场景，降低了人们的成本；但实际上到店购物并没有增加人的时间成本，因为你反正是要出门的。两相对比，实际上在这个过程中，消费者的成本是增加的，因为快递员的工资归根结底要从你的付款里开支。

尤其是，当我们从社会的层面来看，社会的整体成本是增加的。你本来可以在下班的途中顺便去商店购物，现在却多出了一个快递员替你跑腿。人跟社会是一体的，假如说，社会有意识，也是个体意识的汇集和博弈结果，既然社会的整体成本增加了，那么人们为什么要选择这么干?

这并非是一些想当然的说辞。假如我们放眼整个人类社会生活场景和个体生存状态，我们发现，历史在前行，时代在进步，科技越来越发达，过去的人和现在的人一样地好好活着，但现代人的幸福感未必高到那里去，至少劳动的时间变长了、心里操心的事儿变多了。

就好像最前沿的物理学所告诉我们的，能量与物质之间是可以相互转化、是统一的。精神与物质之间也是如此，这在哲学理论里不难找到解释。物质层面的社会效率提升，并不能全然支撑和解释人的幸福感。

我们再回到线下实体店的存在必然性的问题上来，就不难理解了。就像纯自然状态下的原始社会与任何一个文明时代的对比，社会越进步意味着人本身的物质和精神付出越多，假如实体店消失了，一定意味着我们做了更多的事情，而且在消解人的主体性。

所以，无论是从人的幸福感和社会的成本角度，还是从不主张平台从实体店中无谓地分一杯羹的角度，还是从千千万万个实体店投资者的利益角度，个人流量平台都不希望改变实体店延续了千百年的主体经营场景。

相反，在我们所构建的新型社区商圈里，我们希望所做的一切都是围绕这些既有的经营者的利益以及消费者的诉求出发，以对个体诉求和整体社区商业环境有着量和质的提升。

我们希望充分打破周边供需信息的不对称。看起来我们的社会信息已经足够发达，但有时候我们在一些简单的事情上，在突发的需求上面是毫无头绪的。

比如，你家的下水道堵了、窗帘坏了、门打不开了，如果你所在的社区物业管理一般，那恭喜你，你可以打开门在过道的牛皮癣上找到电话号码；而假如你所在社区是精品住宅区，作为社会优越人士的你突然就丧失了这种社会优越性。

再比如，有一天我突然莫名其妙嫌弃我的枕头，心血来潮就出门去家附近寻购一个新枕头。我本来以为很容易就能找到这样一家店，所以并没有开车，结果我逛遍了社区附近的大小商店，均告无果。不得已之下，我骑上了一辆共享单车，这样方便我扩大搜寻范围，无奈的是，方圆三公里内均没有找到。

难道一个社区三公里内找不到一家卖枕头的店？显然按照生活常识和生意的逻辑来看，这是不可能的。因为如果三公里内没有这样一家店，早就有人开了这样一家店。所以，问题在于我无法短时间内完成对这个范围的挖地三尺的搜索。而且，即便没有这样的实体店，说不定我的隔壁邻居就是做这个生意的微商，只是我无法跟他建立沟通场景。

这就是供需信息不对称的问题。看起来简单，实则比你想象的要复杂，社区生活的需求看起来是相对固定和常规的，但世事无常，你无法知道明天会发生什么事。而且，类似买枕头这样的事，看起来在电商时代，完全不存在信息不对称，因为只要你打开淘宝，不出几分钟就可以坐等收货。但是，我的需求同时也包含了急不可耐马上就要看到实物，这显然是只能在社区商圈内才能解决的。

即便是从一般性的需求来说，在传统电商平台从千里之外的商家那里购物，通常至少要一到两天的等待时间，而在社区商圈，借助新型社区物流，这个时限可以缩短到最多一两个小时。

如果说非常规的需求见证了社区供需的非常规的信息不对称。那么这种一般性的需求则见证了社区供需普遍存在的信息不对称。想想看，麻雀虽小五脏俱全，你在淘宝上买的大多数东西，一定可以在社区商圈内买到，为啥一定要舍近求远、漫漫等待呢？

这种短距购买和物流，不仅大大便捷了供需双方，更有利于双方信任关系的维护。欺诈、做假，在传统电商平台时有发生。往往图片所展示的服装效果图画风唯美，穿在顾客身上却乏善可陈，这样的段子在社交媒体时有流传。即使投诉也不起作用，顾客也不可能千里迢迢地找到商家理论。

在个人流量的社区商业环境中，卖家与买家的距离更近，往往相距五公里以内，有址可寻。如果卖家存在明显的故意欺瞒和货不符实的情况，顾客至少可以登门交涉。

距离才能保证信任，短距买卖关系对双方的行为都将构成一定程度上的约束，虽然这种约束力并不能完全断绝信用矛盾的发生，但跟传统电商相比其正面作用是可以预见的。另外，地缘上的便利因素，更便于消费者借助有关部门和司法等手段进行自我维权。

我们将这种微观层面的信用问题上升一个层面，诸如此类发生在很微小的商业信用矛盾，其实事关整个社会的信用体系建设。这在历来都是政府和公共知识界所关心、研究和致力推动的课题。而商业活动中的信用关系，可以说构成了社会整体信用体系建设的绝大多数内容。从这个层面来说，社区的信用约束力，将有着更高层面的意义。

融合，是个人流量思维下社区商圈的又一特征。

在传统商业社会里，消费者和创业者的角色界限是泾渭分明的。尽管无论在何种情况下，任何一个人既是消费者和创业者，但当我们在某种具体的商业活动场景里跟一个人打交道时，往往会在这两者之间选定一个先入为主的角度，在这个基础上进行沟通交涉。

比如说，当你在一个创业培训活动上，跟你的临时同学交流的时候，你们之间的对话内容有一个基本的前提认知：那就是，你们彼此都是创业者。假如你是社区超市的店主，当顾客来店里购物时，你可能会对特定的少数人的商业背景产生好奇，但大多数情况下你不会在意每个顾客的背后也有着一份职业和事业。

而在个人流量时代，消费者和创业者的界限是融合的，人与人之间以统一的角色认知来认识彼此并产生交际。这本质上得益于个人流量的基本观点和实践：每个人的个人流量都是他们创造财富的最终源泉；个人流量的实践，所做的就是人与人之间进行个人流量的交易。由此，当顾客来到你的店里时，你们有一个共同的买卖需求，个人流量的互换，或者单向购买。

个人流量时代的另外一个融合是，线上与线下的融合。严格来说，从理论和实践框架的搭建思维方式来看，我们不能用简单的线上线下融合的思维方式来描述。本质上，个人流量旨在回到原点，以商业社会的基本元素和逻辑为据，将互联网的功能进行拆解，加以重组，这里面是没有线上线下的区分的。

但从整个商业场景的具体表现来看，只要有互联网平台的存在，我们就可以从现象的层面来进行这样的传统区分。在这种语境下，我们谈线上线下的融合，其实所有的线下场景的线上化都是这种融合的例证，但从整体上来看，最重要的融合在于以下几个方面。

个人作为社区居民的线下存在，与其在社区商圈线上平台的用户身份的融合，这种融合不但体现在其商业买卖的过程，也体现为它在平台与周边人展开的社交活动。

线下实体店线下经营的部分场景和管理需求，与线上平台所能提供的技术解决方案的融合，比如现金支付转为线上支付、实体店同时在平台开设线上商铺等。

以微商为代表的网商经营活动与线上、线下的融合。严格来说，微商并不算是传统电商，而是介乎电商和线下商铺之间，他们有自己的实体仓库，但交易、结算和物流都借助网络进行。而在个人流量平台下，他们得以在不改变其基本运作模式的前提下进驻平台，而且享受到基于其运作模式的流量服务。这是微商与线上的进一步深度融合。而由于平台提供了一个推广便利的社区传播环境，微商得以在社区范围内就积累一批客观的客户和线下资源，地缘上的便利使得线下的深度培训和聚会成为可能。

第二节　市场推动社会改良

最近两三年以来，“匠人精神”俨然成为神州大地的一个流行词汇。不少品牌和企业，无论大小，在内部宣导、对外公关，甚至媒体推广上，都热衷于借用这一词汇。看起来的寻常现象，深究起来却有着不寻常的内在因果。

2016年3月29日，国务院总理李克强在第二届中国质量奖颁奖大会上呼吁，各行各业要弘扬工匠精神，打造更多消费者满意的知名品牌，让追求卓越、崇尚质量成为全社会、全民族的价值导向和时代精神。

由此，"匠人精神"在媒体的大力传播之下，迅速引爆为一场现象级的舆论热潮，无论是品牌掌门人、普通经营者还是青年学生，一时间讨论纷纷。

似乎，总理的话正中了所有人的心声，人们普遍认为这个社会太需要的匠人精神。换言之，这个社会很长一段时间里太缺乏匠人精神，甚至在很多人的印象里，有太多的经验表明，很多商业行为完全走向了匠人精神的对立面。

每个人、每代人都可以回忆一下自己小时候所用的物品，看看这些物品究竟经历了什么样的变迁。

这让笔者想起小时候用过的雨伞。那个时候，是我刚上小学前后，爷爷奶奶都还不算年老。每到下雨天，爷爷奶奶出行，头上总是顶着一把大黑伞。那伞，举在手里，现在都觉得很沉重，以我五六岁的力气，举着这样的伞在雨里，显得笨拙而吃力。

之所以显得笨拙，是因为伞骨和伞布每一处部件都不轻。尤其是伞布，印象格外深刻，很厚很黑，没有光泽的黑，全然没有今天的伞，几乎每把伞都刻意弄得油光锃亮。雨落在上面，雨点敲击伞布的声音，"咚、咚、咚"，那种厚实的声音，一声声地清晰可闻。无论刮再大的风、下再大的雨，你丝毫不用担心伞骨会被风折断，伞顶会穿孔落下雨来。

现在想来，那伞可谓是在我出生的80年代，人们所使用的商品的缩影。每件物什都经久耐用，人们不用太担心会买到假货和次品，实际上那个年代可选择的余地也很小。每件商品似乎都像在城乡尚有残留的供销社一样，残存着计划经济向市场经济过渡的痕迹。

到了上小学的时候，就经常遇到假货。印象最深刻的就是鞋。那个时候，突然感觉到生活必需品可选择的余地多了起来，衣服、鞋子的款式越来越多了，也越来越好看了。可是，母亲买回来的鞋，经常穿在我脚下十几天就在鞋身和鞋底之间出现了脱胶的裂缝。要感谢那时候市面上能买到价格实惠又效果极好的胶水，可以在鞋脱胶时，粘了又脱、脱了又粘，如是反复直到断底便再也不能穿了。

除了鞋子，衣服裤子也经常遇到这种情况。男孩子小时候爱疯爱闹，运气不好买到质量不佳的货品，一不留神用力过猛，裤衩就要破掉，在小伙伴面前出尽洋相。

不过，过了千禧之年，长大成人了，穿着上格外讲究了，总要买好看的好用的。但是我总在想，电视里经常可以看到边远山区的孩子还穿着我们小时候的那种样式，我在想这样的故事在他们身上是否还在发生。

时至今日，衣着上的问题是解决了，可是新的问题又冒出来。曾经有几个同事，在办公室里不经意间抱怨，说前几天才买的数据线，又接触不良。这引起了我的深思，很长一段时间，对于小投资者来说，电子产品零售是一个利润非常可观的行业，但是回想起来，我学生时代买电子产品同样总会有一种忧虑的情绪，生怕买来用不了多久就要扔进垃圾桶。

这些往事，讲起来自己都觉得充满了时代感。直到前几年，还有关于产品质量的各种花边新闻时不时从微博微信里被广为流传。令人记忆最深的莫过于中国游客，不远千里跋山涉水，跑到日本市场去买马桶盖的事情，一时引发国内关于制造业和产品质量的大讨论。

也许出于中国企业家的良心，格力掌门人董明珠，作为最大的制造品牌之一的代表，在央视投放的电视广告中，针锋相对、旗帜鲜明地喊出："中国人不用去国外买电饭煲！"

当我们把这些贯穿中国社会二三十年的故事场景串连起来时，一个巨大的隐喻开始变得清晰，这个隐喻就是：产品质量的问题，几乎伴随着中国市场经济改革和发展三十年的时间。而且，每个时代都有那么几个问题格外突出的行业和产品，也不尽然是假货满天飞。

我们回到每一个时代的市场实际，去看待那个时代的乱象，或者就能够像一位智者一样原谅，而不是像一个泼妇一样骂街。

众所周知，市场经济在体制和社会的层面真正发力始自上世纪 90 年代的前中期。在那个时候的市场，甚至不需要你多有钱，只要你具备比大多数安分守己吃公

2995 6459
美聯工商舖
MIDLAND IC&I

摄影 / 罗鹿鸣

家饭的职工好一点的眼光，能够从身边发现一些机会，只要找亲戚凑，就能做点小生意。重要的是，那个时候的生意远远比现在好做，很多赶上这个时代机遇的人，后来都成为了百万富翁甚至是某个行业的一方诸侯。

在这样的时代背景下，国家也提倡大家走向市场去创业，甚至现在我们很多人口中所谓的“既得利益者”的成功商人，都是那个时候从体制内辞官下海经商。

这个时候的市场，就像一块被新发现的广阔平原，等待人们去开荒和耕种，它最大的特点就是社会需求嗷嗷待哺，所以行业竞争非常小。这导致的问题就是，假货也有市场，也有人买，因为你需要，最需要的莫过于衣服鞋子这些生活必需品。因为社会购买力很弱，而商人需要赚钱、需要利润。

再后来，经过一段并不太长的时间，市场得到了充分发育，竞争开始出现了，品牌的概念、意识出现了。商人也意识到，再这样下去产品慢慢就没人买了，因为可替代的产品太多，东方不亮西方亮。而且，整个社会的购买力也大大提高了，人们不愁买不到靠谱的东西。

尽管因为技术的限制，我们现在所使用的很多产品，在质量上仍旧与发达国家存在差距，所以汽车要买进口的，手机最好用苹果。但整体水平无疑在提高，基本能够满足人们各个层面的需求，尤其是与社会的心理预期逐渐趋向于吻合。

然而，新的问题又存在于这个时代。我们从宏观经济上看到，产能过剩一度成为国民经济的负担，就好像美国在三四十年代的经济大萧条来临之前一样。产能过剩的原因，无非是重复生产。这种重复性生产，大多数集中在低端业的各个领域。深层次的原因在于创新的匮乏，技术突破和转化的迟缓。

而另一方面，我们由匠人精神所想到的，是社会的整体浮躁。看看我们现在绝大多数人，上到企业领导，下到普通职业，每日都各有忙不完的操心事。领导忙着奔波于各种公关、商务和应酬场合，而不是花更多的心思在品牌经营和企业管理上；职员们所想到的是，什么时候才能摆脱朝九晚六的生活，拥有自己的事业，而不是踏踏实实、安分守己地做好本职工作。

或者更勤奋的人们，在花心思如何在双十一来临之际，做出比竞争者、比往年更花样迭出和富有实效的营销动作，以在产品的年度销售额的对比中胜出。而对于那些好不容易搞出自己产品的人来说，他们所想的是怎样以比尔盖茨的决心和最伟大的推销员的口才，说服锁定的大佬来投资；又或者，在产品研发、生产和管理尚不成熟的时候，就急不可耐地到处招商，看似胸有成竹、实则是空手套白狼地打定主意找到能与品牌一起创造历史的合作商。

当大多数人以这样一种状态工作和生活的人，已经没有多少人，花时间和心思牢记和反思自己领导的企业、自己所供职的公司，究竟是做什么产品或服务，进而意识到自己的本职工作原来如此有价值和重要，从而踏踏实实做好每天的眼前事。

在这样一种氛围里，更优良的技术难以突破，更好的产品难以出现也就不足为奇了。所以，总理在大声疾呼“匠人精神”的同时，一次又一次地强调创新。

今天，当我们提到“匠人精神”的时候，稍具文史知识或是信息掌握度比较高的人，都能说出几个关于“匠人精神”的故事。

日本作家秋山利辉写过一本书，书名就叫《匠人精神》。“秋山木工”是日本首屈一指的家具厂家，“秋山木工”的订制家具常见于日本宫内厅、迎宾馆、国会议事堂、知名大饭店等。其重视人才品格塑造的独特工匠培养制度，在业界及海内外备受瞩目。

《匠人精神》为“秋山木工”代表秋山利辉关于如何培养具有日本特色的合格“匠人”的著作。书中秋山利辉通过列举“秋山木工”的“匠人须知三十条”，阐释了其心目中一流人才培养的核心：即对一个人品格的重视远高于对其技术的要求。同时，通过讲述自己从进入木工行业，努力自我培养，直到成长为一名行业领袖的人生历程，秋山利辉现身说法：在现代社会中，一个人若想实现真正的自我，社会若想恢复凝聚力，重拾失落的“匠人精神”势在必行。

或许这么介绍书的内容，仍然对于秋山利辉所要表达的“匠人精神”感到模糊。那我们来看秋山利辉的故事。1985 年，32 岁的木工大师秋山利辉，创办了一所“秋山木工”学校。

要成为秋山的徒弟可没这么容易，招收徒弟之前，他会做多次暗访：“观察这个孩子到底能不能吃苦，因为到我这里学习必须能耐寂寞。”学徒进了学校后，就被关了“禁闭”。“没有我的同意，不准离开。没有我的同意，家长也不能来探望。”这个“禁闭”，一关就是八年。

为了把年轻学徒培养成一流工匠，秋山制定了一套“八年育人制度”，学费全免，但学徒必须依规而行：一年上预科（养成匠人基本习惯）；四年学做徒（跟师傅学习技艺品行）；三年学创新（把师傅所传技艺，融会贯通变成自身之本领）。

你可能会说：“这样教徒弟实在是太慢了。”但是你可能万万想不到，秋山这所学校里诞生了 50 多位超一流木工大师。这些大师，现在活跃于各个国家，成为日本木工称霸全球的顶梁柱。全球 100 名木工大师，50% 出自日本。日本木工为何能称霸全球?

快与慢，就是我们的当前社会与秋山利辉书中的日本社会的区别。看起来，我们之所以急于成功、急于成名，都是因为不甘于平庸，熟料，过于求快反而是导致平庸的原因。当一个品牌创立者急于把一款尚不成熟的产品推向市场的时候，等待他的一定是血本无归。当一个自身品质、学识和技能尚不足以鹤立鸡群的时候，即便靠左右逢迎，被世人奉为权威，也终究只能贻笑大方和面临远患。

在如此种种问题和对比存在的情况下，我们谈在中国重塑匠人精神，不是一句口号就能达到目的的。为了达成这样的目标，我们的教育需要作出改变，我们的社会同样要做出改变。

个人流量对新互联网思维，就是要在商业的角度为这种改变贡献一些务实的实践。正如上文所陈述的，当个人流量平台能够让每个人的个人流量价值最大化，能够在社区的层面充分打破信息不对称，能够为广大商家提供一整套从宏观到微观层面的营销体系，从而让社区商圈之内的每种角色对应的每个人，都无需为既往处于商业经营边缘的繁杂事务而操心分神。那么，受益于这套体系的每个人，都可以在一种基础性的支撑体系之上，潜心于自己的产品和服务。

每个人或多或少都有这样的印象：一方面，我们身边的很多产品实在乏善可陈，却能大行其道; 一方面，一些真正优良的产品，却无人问津，难以让市场知道和认可。

而个人流量思维和平台所要做的是：让消费者能够在劣质产品扑面而来无法选择的时候，变得有所选择；让深藏名山的产品，有充分的渠道，无需花费太高的成本，就能很快让潜在客户知道和体验。

当所有人都没有后顾之忧的时候，眼前的事才会变成唯一值得重视的事。在这样的认知和行为方式里，个人心性和社会氛围才能真正有所转变，才有可能重新找回失落已久却原本就是中国人文传统的“匠人精神”。

第三节　对等铺就网络民主

如我们所知，互联网的本质之一是媒体，它所起到的信息传播作用，本质上是为了打破信息不对称。解决信息不对称的问题，是人类生生世世追求的事业，尤其是在媒体业和广告业兴起的三百年以来，信息传播速度已经变得越来越快。

互联网时代的到来，似乎让人们看到了解决信息不对称的最佳方案。在今天，只要你脑袋里有一个问题，百度一下，通常都能在各种类型的知识平台找到一些对应的答案。但互联网真的解决了这一问题吗？

就我们每个人的经验来讲，我们确实感觉到面对一些实际问题时可选择的信息增多了，可是我们选择可靠信息的难度却也更高了。甚至，从某种程度上而言，当今代表中国互联网发展的巨头公司们所做的并非是在打破信息的不对称，反而是如传统任何一种形态的媒体那样，在利用这种不对称获得商业上的成功。

百度作为全球最大的搜索引擎之一、更作为最大的中文搜索引擎，一直是中国互联网商业界最大的流量广告主。然而，我们可以来看看百度引擎推广规则的基本逻辑——竞价排名；这是个高端的说法，通俗地讲，就是谁给的钱越多我就给谁上广告。

在莆田系与百度展开撕逼时，或许没有料到最终的舆论效果带来的是两败俱伤：积怨已久的人们同时对莆田系与百度展开了声讨。实际上，这样的声讨与其说是在讨论任何一方，不如说是在声讨百度的推广规则：因为百度提供的信息而在野鸡医院受骗上当的经历和见闻所积累的情绪，终于在双方缠斗正酣之际找到了一个舆论爆发点。

其实，不止是百度的竞价排名机制，几乎所有的互联网平台广告都遵循着这一基本逻辑，诸如淘宝网、爱奇艺等，概莫能外。

人们对一种产品有需求，他们希望互联网平台能够指引他们找到最好的选择。事实上，作为商业信息最大拥有者的广告主们，是有这样的能力的，每一个媒体的广告部都熟知每个行业的品牌中哪些最具品质，哪些最有钱。但广告主的基本角色是商人，拿钱办事，帮助出得起刊例价的品牌兜售商品，而有意无意地将你需要的更好的、甚至是最好的产品屏蔽在你的信息之外。

这种信息不对称，可以归结为：互联网本身已经具备了非常充足的信息，而且有能力对信息作出筛选和甄别，但在实施过程中，他们进行选择性的传播。

常见的还有另外一种信息不对称，我们姑且将之称为必要的权威的缺席。为什么说是“必要”呢？因为我们同时也强调这是一个去中心化的时代，权威在这样的语境里是被革命的对象。但在很多情况，权威是必须存在的，尤其是在知识性的领域，比如，如果不是基本物理知识的缺席，就不会有那么多人在高压电线下钓鱼而不幸遇难。

当今，我们用“海量”来形容互联网所提供的信息总量。但在现实生活中，我们经常因为基本知识的匮乏和知识结构的局限而在信息荒漠中迷路。

从前些年开始，养生热在国民中蔓延开来，微信推出以后，各类养生大号在中老年朋友的朋友圈赚足了眼球。但是几乎每个人在转发的同时都会狐疑：“咦，他说的是真的吗？”最后，转发的动机只是做了一个保守的选择：“算了，宁可信其有，不可信其无。”归根结底，他们是不信的。

为什么会出现这样的情况？为什么人们不敢相信，甚至无从相信？因为大多数人在这些专业知识上是没有基础的，这是很正常的知识掌握度和知识结构的局限。

所以，人们根本无法判断这些“专家”所说的究竟对不对。

这个时候，如果有一位德高望重的专家出来发声以正视听，千万人的问题将迎刃而解。然而，即使各行各业都不乏知行合一、品行高尚的专家，人们也听不到他们的声音；即使听到了，也同样不敢相信。

在互联网所造成的信息不对称的过程里，答案和问题其实是并存的。比如解决广告主选择性提供次等信息的方案，就是转而提供最有价值的信息。看似直接和简单，却考验着互联网平台的机制创新和商业模式创新——如何抛弃传统的广告模式，建立一种商业效益和社会效益并重的新模式。

这是个人流量平台所致力解决和推动的问题。

上文提到，个人流量平台同时具有两个特征：其一，全场景、全覆盖、全类型的社区商圈数据库，每个社区商圈的数据加在一起，就构成了一种全景式的数据覆盖，它与所有的社会基本需求息息相关；其二，这种数据不来源于平台的主观意志和单向传导，它来自每个品牌、商家和个人数据的自然汇集，而且保持充分的透明度，保证人们可以监督，进而判断平台的整体数据呈现和自己所掌握的微观数据是否吻合。

这就意味着，平台的最终数据呈现，不是平台经过选择性筛选之后修饰处理的结果，而是建立在系统技术基础之上，由微观数据科学统计分析的结果。它代表的不是平台的意志，而是每个参与者、当事人和利益攸关者的意志，加起来就是整个社会的意志。

通过这样的基本理念和机制创新，旨在用群众的力量，以民主的方式，真正意义上打破信息壁垒和不对称，让每个人都不再迷茫。

这种经由个人流量的力量实现信息充分对称的过程，实际上意味着话语权的对等。什么叫信息对等？简而言之，就是每个人都有机会说话，每个人所说的话都有机会被听见和采纳。

实际上，在传统互联网的话语环境里，人们的话语权是不对等的。虽然微博让我们看到草根的崛起，但微博的结局是有目共睹的，它最终沦为一个精英和名流的秀场。即使那些被我们所艳羡的、因搭上这趟班车而功成名就的草根达人，本质上也无非是成功跻身于这个拥有格外话语权优势的圈子的外围而已。

技术的发达，互联网产品的创新，确实给了人们充分表达的空间；微博、微信、知乎这些社交媒体形态的平台，本质上正是为了满足人性普遍存在的表达欲。你几乎每天都在朋友圈发自拍、晒美食，其根本动机在于你要在自我确认的同时向周遭的人证明：我还活着。

人们拥有了发声的渠道之后，他们发声不单单只是为了找存在感，而是指向某种建设性的诉求；但绝大多数人都知道：说再多也是然并卵的事！

话语权的问题之所以重要，是因为从宏观层面来讲，话语权不仅是说话那么简单，更代表着影响一个领域重要决定的基本决策权力。这就是为什么，在任何一个时代任何一个社会，不管意识形态宣扬他们的社会有多民主，社会仍旧被掌握在充分话语权的经营所钳制的基本逻辑中。

然而，我们仍旧可以看到，平民话语权汇集起来的力量有多强大；尽管它不尽然是建设性的，甚至本身带着破坏性的先天基因和能力。近年来，英国和西班牙的局部地区独立闹剧，正是始自人性的自私欲望和民粹自我激情的宣泄；而中国民主革命的成功，所依靠的正是人民战争。

个人流量思维的目标，就是要向着一个带有鲜明目的性的方向，让代表每个人现实状况和主观诉求的话语有表达渠道，有机会被听见和采纳。我们所说的平台大数据与个体微观数据，正是这一目标的具体实践典范。

显然，这种带有民主色彩的话语权的商业数据化汇集，只是一项新商业形态的基础性工程。对于平台和系统的目标来讲，我们需要的是循着这样的基石，向上构建一整套架构完整、层次丰富的行之有效的体系。我们将自下而上的构建理念，作为一种务实的标尺。

在这个过程中，规则的重建尤为关键。如前所述，互联网平台的商业模式，很大程度上建立在信息不对称的基础之上，这种不对称归根结底是不合理、不公平的信息传播的规则。

广而言之，社会几乎不可能实现彻底的公平，而且在一个问题上也很难实现绝

网络民主的本义在于打破信息壁垒和不对称。 摄影 / 半偏

对公平；甚至文明的进步、制度的优化，总是在弥补公平与产生新的不公平之间动态平衡地前进。

这在我们今天所熟知的现代商业社会的代表作——广告业中，有着非常淋漓尽致的表现。广告主所指定的规则严格遵循商业的逻辑：将媒体资源明码标价，价高者胜。当我们从广告业本质上就是商业的一部分的角度来理解时，这样的规则是天经地义的。但当我们从商业的终极目的是满足社会公众需求的更大层面来看，问题就出现了。优质商品因为无力负担广告成本而不能推向市场，人们的需求无法更好地被满足，这就意味着这种竞价规则是不合理的。

当我们从规则的公平与否来讲，这个问题就存在了两面性。从商业角度，按照价高者胜的标准，这是公平的；从社会角度，按照质优者胜的标准，这是不公平的。

所以公平也只是一个概念，在这一对无法调和的矛盾里，公平这个概念已经失去了它的内涵意义。我们之所以很多时候因为公平的问题而将事实的矛盾升级为人与人的冲突，就是因为被人为制造的概念所遮蔽，最终为概念所奴役、为概念而战，而非为我们自己而战。

跳出这样的怪圈的唯一方法就是，就事论事地解决问题。归根结底，这不是一个价值观的问题，而是一个需要解决的现实问题；如果说存在正义，那么按照正义的尺度，社会需求的最富实效的满足应该成为方案的出发点。

在个人流量所描绘的社区商圈供需关系里，我们可以通过大数据技术实现周边供需状况的即时掌握，通过独立高效的社区物流实现交易周期的最短化。更重要的是，围绕社区商业场景和具体环节，我们可以将个人流量的价值从各个角度予以最大化挖掘，最终完成对落后规则的建设性替代。

比如，微观数据的自动化处理和呈现，使得消费者的有限注意力能够高效、有效地聚焦于经过消费者认可的好产品、好商家，从而免去了只能在商业利益的主导下接受次等推荐的忧虑。

再比如，因为个人流量的强大聚焦能力（对注意力的整合能力），那些真正秉持匠人精神一针一线创造产品生命的人，不再需要花费巨额的成本就能轻松、快速地实现产品的认知普及，并经由个人流量所组织起来的销售网络，形成稳定的销售。

这一切愿景，归根结底，都是基于技术应用和理念创新的规则革命的胜利。

在一种返璞归真、删繁就简的新境界里，个人流量突破既成概念和理论的束缚，回到一切问题的终极场景里寻找答案，从而完成深层次的要素重组和新体系建设。

这些具有可行性的理念和可操作性的变革，最终指向的，即非平台本身，也非任何一个特殊的利益群体，而是指向每一个人的在商业活动中的利益和诉求。

尤其是当我们结合个人觉醒的现代社会，深入了解人们普遍的生存现状和生活憧憬后，这样的定位和目标显得尤为迫切。贫富的分化，既带给每个普通人不安现状的困扰，又让每个人怀揣功成名就的美梦；大规模的离职潮、创业者，已经成为这个时代的常态。

然而，在每个普通人的梦想之路上的，充满了经济资源的分配不公，正是这一负面的商业因素，传导为社会情绪，形成了物质和精神的双重矛盾。尽管一切教化都教导人们，人格的平等不以物质因素为转移；但就现实而言，因为经济上的不对等，人们很难在人格上对等，至少这种不对等真实地存在于每个平凡人的日常感觉里。

我们所看到的是，交际手腕强硬的人往往能够凭借与权力的亲密关系而轻松走上人生巅峰；拥有雄厚家族背景的人总能在社会竞争中胜出。而同时，在一种处处充满"拼爹"嘲讽和自嘲的无奈社会情绪里，"寒门难出贵子"俨然已成为不该存在的共识。

正是出于对这些最常见的社会现象的觉察，对于这些现象背后的深刻问题的洞见，十八大以来，以习近平总书记为核心的党中央，一再重申公平、法治的理念。我们希望个人流量的实践，将成为在社会层面响应号召的自我觉醒和变革的典范。

我们始终认为，每个人的个人流量即是财富的最终来源，因为人与人的最终起点没有本质的不同。在我们所憧憬的社会里，规则的突破性变革、商品流通环节的微观性体现，都将使得每个人将自己个人流量的价值发挥到极致，从而实现经济资源占有的根本性平等。

最终，在信息对称、话语权对等、规则公平、资源平等的合力作用下，专注、专业的“匠人精神”将成为主流价值观；每个人都具有无差别实现充分经济自由的可能，从而在自我精神层面、社会关系和公共生活里，拥有无差别的影响力。这就是我们对网络民主最具体和美好的愿景。

第四节　重新认识互联网

互联网到底是什么？这不仅是一个关于认知的问题，更是一个关乎实践的问题。回答这个问题，关系过去现在和未来，尤其是关乎我们每个人的切身利益。

在本书的开头，我们回顾了计算机和互联网的起源。在中学生的历史课程上，关于计算机的历史时间起点是 1946 年，标志性的事件是世界上第一台通用计算机“ENIAC”在美国宾夕法尼亚大学诞生。一开始，计算机的主要功能是计算和存储。第一封邮件的诞生，使得数据交互和远程传输成为可能，从而开启互联网的时代。

今天，互联网已经无所不在，人们关于互联网的认知也从原始的信息场景上升为抽象的理论。有人说互联网是传媒，有人说互联网是工具，还有人说互联网本质上就是人的延伸。

当我们讨论互联网的本质时，避免不了要回到互联网和计算机最原初的起源场景里找寻答案。而最原初的场景，未必是几乎所有人接受的教育所描述的那样。如果说世界上第一台计算机可以被视为其起源，那么又是什么场景、技术和设备，促使“ENIAC”的诞生呢？

任何发明的产生，任何机器的进步，都是既往技术和应用启发、积累的结果，计算机也不例外。从这个角度而言，我们将计算机的起源从 20 世纪中叶前移到 19 世纪乃至 18 世纪都不过分。

正如我们所学到的，第一台计算机主要用来储存数据和计算，尤其是二进制的计算理念和方法，作为最底层的知识，支撑着这一划时代计算发明的实现。实际上，无论其基础的知识支撑，还是其基本计算原理，在计算机诞生之前，都已经出现，并深度与社会生产关联。

这里不得不再提的是自动制表机。

19 世纪末期，当时的美国每隔几年就要做一次人口调查，调查的项目十分详细，光是按年龄的划分就有 10 类：5 岁以下、6 ~ 10 岁、11 ~ 20 岁、21 ~ 30 岁、直到 80 岁以上年龄段。

人口的迅速繁衍和大规模移民潮的涌入，美国人口剧增，这就使得人口调查和统计工作的难度一次次增加。大量的人口资料堆积如山，使统计工作者望而生畏，以致 1880 年的人口调查统计任务一直拖到 1887 年也没有结果。

作为人口调查局的工作人员，霍利瑞斯制深受其苦，繁重的工作让他想到了用机器提升工作效率。

他想到了纺织工程师杰卡德 80 年前发明的穿孔纸带。杰卡德提花机用穿孔纸带上的小孔，主要用来控制提花操作的步骤，即编写程序，霍列瑞斯则进一步设想要用它来储存和统计数据，发明一种自动制表的机器。

1728 年，一位法国工程师发明了一种自动提花织布机，其中设计了一连串长长的穿了孔的卡片，让卡片转动，使得那些与卡片上的洞眼正好对着的织针顺利通过；而不相对的织针通不过。这样，纱线就织出了规定好的花纹。

当霍利瑞斯想到重新构造一种新的机器时，他想到了借鉴一个半世纪以前所没有的电工技术。最后，他将弱电流技术和过去的穿孔卡片技术融为一体，设计制造了可用于人口调查的制表机。

霍列瑞斯首先把穿孔纸带改造成穿孔卡片，以适应人口数据采集的需要。由于每个人的调查数据有若干不同的项目，如性别、籍贯、年龄等等。霍列瑞斯把每个人所有的调查项目依次排列于一张卡片，然后根据调查结果在相应项目的位置上打孔。例如，穿孔卡片“性别”栏目下，有“男”和“女”两个选项；“年龄”栏目下有从“0 岁”到“70 岁以上”等系列选项，如此等等。统计员可以根据每个调查对象的具体情况，分别在穿孔卡片各栏目相应位置打出小孔。每张卡片都代表着一位公民的个人档案。

霍列瑞斯博士巧妙的设计在于自动统计。他在机器上安装了一组盛满水银的小杯，穿好孔的卡片就放置在这些水银杯上。卡片上方有几排精心调好的探针，探针连接在电路的一端，水银杯则连接于电路的另一端。与杰卡德提花机穿孔纸带的原理类似：只要某根探针撞到卡片上有孔的位置，便会自动跌落下去，与水银接触接通电流，启动计数装置前进一个刻度。由此可见，霍列瑞斯穿孔卡表达的也是二进制信息：有孔处能接通电路计数，代表该调查项目为“有”（“1”），无孔处不能接通电路计数，表示该调查项目为“无”（“0”）。

相比计算机所应用的技术和知识，自动制表机的情景还原技术是每个人都能想象和理解的。换句话说，如果你像霍列瑞斯那样操作，也可以制造出这么一台机器。我们会发现，计算机的基础原理和最原始的功能，在这台有着原始机器风味的制表机上早已有所体现。

1969 年第一封电子邮件的出现，让我们清晰地看到计算机原始应用和互联网的分水岭。在此之前，人们关于计算机功能的认知，就是数据储存、计算和查询。

毫无疑问，这是我们认识互联网的一个绝佳切入点。互联网作为计算机技术应用的划时代延伸，到底改变了什么？从应用的层面来说，互联网最开始带来的改变是，数据的查询可以远程实现，人们可以在电脑上访问另一个城市电脑的数据。

从另外一个角度来看，互联网跟计算机在应用场景和技术上，并不完全在同一个起源路径和逻辑上。电子邮件的发明，本质上是通讯技术。通过计算机远程访问所涉及的信息传输、数据的解码和编码，我们可以联想到早前已经出现的电话、电报机等。工业机器技术和发明，与通讯技术和设备的交汇，让互联网成为一个复合的新产物。

从互联网被创造到现在，不过半个世纪的时间。在本书的开头，我们对这半个世纪的互联网的技术进步和场景应用，做了详尽的梳理。现在，回过来想，这些蔚为壮观的充斥人们大部分生活场景和社会生产场景的进步，在互联网本身来说，究竟改变了什么？其实什么也没改变，在所有的应用场景底层，都一样发生着数据的存储、计算、传输和翻译。

当我们回到上世纪 70 年代，“阿帕网”就是由几百台电脑及其所储存的数据，以及一大堆交互程序锁组成。互联网发展至今，仍旧是在“阿帕网”基础上的数据积累和软硬件的进步。

严格来说，这就是对于“互联网是什么”这一问题最标准的答案。

说到互联网，每个人的脑袋中都会先入为主地冒出一些经验里的印象：淘宝、朋友圈、微博。这导致我们在对互联网的认知上，很容易陷入一种暧昧不清的境地。这种认知混乱的原因，在于我们没有将互联网、互联网技术、计算机技术、互联网技术应用这些最基本的概念和内容区分开来。

或者说，我们可以将“互联网”作广义和狭义的区分。狭义层面，就是建立在上述概念区分中的互联网，也就是以“阿帕网”为前身的互联网。广义上讲，则上述概念所包含的内容，都可以被认为是互联网的一部分，这与学科理论无关，而是针对人们的认知经验而言。

我们讲“互联网”，经常会提到一个词——虚拟世界。具体一点说，就是通过互联网构造一个与现实世界平行的完整世界。从互联网的发展历程和前言来看，这一描述并不过分。

我们看到，人类生活场景甚至人本身，都越来越倾向于在互联网中模拟再现。淘宝商城的商品陈列表，本质上就是客户在商店所看到的货架和货品的虚拟再现。大数据的应用，让我们看到，消费者的个人信息已经越来越多地被迁移至互联网。

我们看到，似乎除了人的情感，公民的一切都可以存在于互联网世界中，不仅包含你的各方面数据，甚至还包含你的行为、性格和思维方式。在很大程度上，每个公民都以这种分散的状态，存在虚拟世界之中。

现在，已经有人通过亡者生前在互联网留下的数据，通过大数据技术，还原出一个具有机器人思维的系统。生者的生前好友如果怀念亡者，想跟亡者交流，只需要通过这个系统，就可以听到亡者生前的声音，甚至能清晰感觉到其话语背后，传达着生前的思维方式和价值观。

一切技术和发明的进步，都是围绕提高社会生产效率而进行。从这个角度来说，互联网、互联网技术的应用，其实只是人类产业发展的一种延伸。

互联网革命发生之前，人类经过了电气革命的洗礼，电力的应用为几个世纪的人们所有目共睹。互联网从信息的角度，深刻改变着人类社会；电力则从能源角度，推动产业的进步。二者在社会生产和管理中的应用，都一样的无孔不入，甚至电力的应用比互联网更广，因为几乎可以说有互联网的地方就有电力的存在。

但是，我们认识电力却不会出现像认识互联网时的那种暧昧不清。因为纵观人类社会发展和产业革命，从没有一种基础性、划时代的技术，像互联网这样深刻改变着人类的生活、生产，甚至是人本身！

如我们所知，科学理论的创造大多并没有非常明显的目的性，很多伟大的科学理论在当时并没有任何实践意义。高斯的数学方程式，无论在市场、学院还是在出版界，都难找到知音。伟大的科学家，以一种远远超乎常人的好奇心和求知欲，推动着新理论的出现。

但技术的创造和发明，则恰恰相反，人类一切的技术进步都指向同一个目标：提高社会生产生活的效率，同一种场景的生产，被技术改进甚至完全替代。似乎，这种效率提升和技术改进的终极景象就是：人什么事都不用做，所有的事情交给机器，人只要衣来伸手饭来张口即可。

想象一下，在黑暗的中世纪，现今绝大多数生产技术都不存在，人们会有这种天方夜谭地憧憬吗？

然而，就在当下，这一遥远的梦想却似乎已经开始照进现实。

就在前不久，机器人索菲尔被沙特阿拉伯政府授以国籍，成为世界上第一个拥有“公民”身份的机器人。这意味着，机器人开始跟人类一样“平等”地进入人类的社会生活。

从互联网诞生以来，关于互联网未来的预言从未间断。在十年前，人们说物联网将会是互联网的下一次进化，今天人们说人工智能将成为互联网的革命性突破。

今天人工智能，确确实实已经从预言走向了现实，世界各国领先的互联网公司纷纷将人工智能作为未来几十年的首要发展战略。

索菲亚让我们看到，“衣来伸手饭来张口”生活并非那么遥不可及。然而，吊诡的是，纵观人类的整个历史，产业的进步所带来的社会效率地提升并没有让今天的人们觉得比一千年前更加幸福。相反，人们的精神和生理反而可能比以前更加糟糕。

一个简单的事实是，人们的工作时长从来没有因为任何技术的进步而比从前更短，甚至有增无减。甚至，纯天文学意义上的“星期制”也最终被当做一项技术，来严格规定人们的工作时长和休息时间。

人类发明了机器，机器可以用来提升生产效率。可是机器又成了一个新的产业，人类需要用更复杂的技术、成本和时间来制造这些代表文明进步的机器。人类发明了广告业，广告促进了商品的传播，可是人类同样需要花费更多的成本来维持广告业的运转。

无论从个体来看，还是从整体的人类历史来看，文明的进步和财富的增长，都像是一个精致的陷阱。现实来看，我们每个人明天都活得好好的，并没有疾病缠身，也没有到穷困潦倒的地步，但我们似乎仍不满足，向往更高品质的生活。然而，那些过着更高品质生活的人，同样也有着一样的烦恼。

很多人都听过富翁和渔夫的段子。我们所有的努力，最终是在我们愿意的随意的时间里，悠闲地躺在沙滩上晒太阳。可是其实我们一开始就可以那么做。而且，一旦我们开始为此劳作，去争取所谓的财务自由，以换来时间自由时，这看起来就像那个富翁一样，走上了一条忘记初心的不归路。

这不但是大多数人一生的写照，甚至可以作为对社会文明进步的注脚。

每个人都在呼吁进步，但绝少有人呼吁回到从前。

伟大的哲学家老子，早已提出“无为”的思想，他对人类社会最高境界的描述是“鸡犬之声相闻，民至老死，不相往来。”

看起来，技术进步的最大受益者，永远是掌控社会话语权和经济资源的极少数人。机器进入工厂，效率地提升给厂主带来更丰厚的利润，可是却有人要失业。与此同时，另一个富人群体却伴随着庞大的产业而崛起。

这也正是互联网领域的真实写照。比起社交产品和传媒平台，电商平台对人们的生产生活冲击格外明显。在互联网大佬关于产业理想的豪言壮语中，广大线下实体店的前景走入迷途。

个人流量理论，并非是否定技术进步本身，而是力图以更深更广更远的视野从问题的原点开始看待问题并架构方案。

它看到传统广告和互联网广告造成了巨大成本，并对优质产品的进入造成阻力，从而试图发掘隐藏在人与人关系里的传播力，构建另一种更加强大的商品传播方案。

它看到经济资源，尤其是人脉资源的分配差异，导致了创业致富的机会不公，从而试图让人们意识到，每个人的个人人脉是财富的最重要来源，并构建一种前所未有的场景，让个人流量作为市场要素进行交易，为每个人带来福祉。

它看到，人的感情是任何技术和机器所不能模拟的，并寄托在真实的世俗生活场景和人与人之间，从而重申社区商圈元素，尤其是线下实体店的重要性，并为其提供融合发展的全方位帮助。

在个人流量的时代，每个人都具备淡泊明志、潜心造物的充分条件，从而拥有了成为匠人的可能；平台扩张和占有的野心得到遏制，进而是个体话语权和价值的崛起。

这是个人流量理论对时代的向往，也是个人流量给每个人的礼物。

后　记

在《个人流量——开启后互联网时代流量变现新通路》一书的撰写过程中，我曾反复问自己：究竟该如何定义这个时代的商业语境？如何在与时代的迎面拥抱中感知互联网商业逻辑？而作为认识论和方法论的“个人流量”究竟会与现实碰撞出什么样的火花呢？

在“互联网 +”的商业模式大潮中，万物互联正在逐步实现；人类的生存境遇正在互联网新生态中不停嬗变，或许可以预言：互联网语言将重新塑造人类的模样。尽管流量这个概念早已在互联网科技商业领域广为人知，但其变异、变迁与变现始终是隐秘的。

分享经济时代，互联网新生态的重要特征之一即是打破一切意义和形式上的壁垒。对“个人流量”的梳理和解读从某种意义上而言也是一个自我修炼的过程——投身时代，透视规则，寻求话语。

对于互联网科技行业而言，必须以产品获取信任，以信任获取势能，以势能发酵流量，以流量变现信任。

流量的精准化承接以个人为核心节点，但其势能的蓄积不止于个人。作为流量的精细化延伸，个人流量致力于以碎片化为掩护，形成新的群类。仅就内容而言，个人是独一的，小众是优质的，社群是聚合的。内容的繁衍形成新的定义，新的定义形成新的话语权，新的话语权形成新的法则，新的法则形成新的美学价值观。

可以说，个人流量是流量场景化和人格化的产物。个人流量的势能蓄积必须内外兼修，避免内力不足和魅力缺陷；内力不足意味着内容无力，魅力缺陷则意味着交互无能。

我们将以此为鞭策，不断寻找更有人格魅力的伙伴，一起探寻互联网世界的新蜜源。

感谢胡光睿先生的精心策划，感谢微领地商学院研究人员的配合和周子妤女士的倾情统筹，感谢年轻的设计师任伟先生，感谢知愚轩的编辑团队和湖南师范大学出版社。感谢时刻信任我、伴随我、激励我的人们，尤其是那些正在践行个人流量理论的人们——他们的触角将成为我们撬动时代的杠杆。当然，还要感谢这个伟大的互联网时代，它是这本书真正的撰写者。

所有的想象都致力于成为时间的种子。漫长的征程注定是曲折的；“时虽挛敛，而幽姿雅艳”，愿我们能在未来相逢，愿我们能与未来相逢。

2018 年 1 月 15 日